Valores de 10 en 10

Compilación Ana María Martínez, fsp

Paulinas

Valores de 10 en 10
Compilado por Ana María Martínez
1 a ed. - Buenos Aires: Paulinas HSP, 2006
208 p.; 17,5 x 12 cm.

ISBN: 978-950-09-1556-4

1. Valores-Enseñanza. I. Martínez, Ana María, comp.
CDD 370.144

Diseño de cubierta y de interior: Ana G. Sánchez

1ª edición, abril de 2006
        1ª reimpresión, octubre de 2006

Impreso en la Argentina - Industria argentina.
AGR S.A. Servicios Gráficos. Junio 2016.

ISBN: 978-950-09-1556-4

Distribuye:
Paulinas
Larrea 44/50, C1030AAB Buenos Aires, Argentina
Telefax: (011) 4952-4333 y líneas rotativas - Fax directo de 18 a 09 hs. E-mail: ventas@paulinas.org.ar / www.paulinas.org.ar

Chile
Avda. Colombia 7648 - La Florida
Teléfono: (02) 2550702 - Fax: (02) 2550704
Casilla 269, Correo 17, La Florida
E-mail: distribuidora@paulinas.cl
Santiago de Chile

Introducción

Desde la antigüedad los decálogos han sido un rico recurso pedagógico. Son breves consejos que se dan a través de listados fáciles de asimilar, recordar y difundir. Según el Diccionario de la Real Academia Española, *decálogo* es un conjunto de normas o consejos que, aunque no sean diez, como su nombre lo indica, son básicos para el desarrollo de cualquier actividad. Algunos autores dicen que no es necesario que sean diez, pueden ser menos, pero parecería que no deben ser más, porque este es uno de los secretos para recordarlos y memorizarlos, ofreciendo también la posibilidad de repetirlos fácilmente.

El nombre de decálogo proviene de la tradición patrística, mientras que en la Biblia se denomina como "las diez palabras de Yahvé" a los textos bíblicos que presentan la lista de los diez mandamientos o decálogo, constitutivos de la base de la alianza de Dios con su pueblo en el Sinaí. También para Moisés el número de normas, o decálogo, no se apoya en un pretendido valor simbólico, sino que parece tener más bien una razón pedagógica al poder enumerar los mandamientos con los dedos de las manos. Moisés, al entregar al pueblo el decálogo, le entrega una enseñanza dada por Dios a los hombres para reglamentar su conducta, dándole también un significado legislativo, "la ley, pedagogo y tutor del pueblo de Dios en estado de infancia". Su puesta en práctica es para el pueblo el fruto normal del Espíritu. San Pablo se sitúa en esta perspectiva cuando traza un cuadro ideal moral que se impone al cristiano, esta enumeración de reglas de conductas se hacen tanto más exigentes cuanto tienen por fin la santidad cristiana.

Hoy todo el mundo hace decálogos, si bien algunos de los que ofrecemos en esta compilación pueden ayudar como orientación a la santidad, su intención fundamental es pedagógica. Son fáciles de recordar, resumen ideas y obligan a ser concisos y directos. Últimamente todo tipo de decálogos proliferan por Internet, hay más de cien páginas Web que los reúnen de todo tipo, desde el que propone ser un buen cuentista o escritor, el que enseña a aprobar exámenes, a los decálogos para tener éxito con las mujeres, educar bien a los niños; hay decálogos para mejorar la vida sexual, para hacer un buen *blog*, para disfrutar de la televisión, sin contar los muchos eróticos y de mal gusto… Casi todas las profesiones tienen un decálogo deontológico, el buen abogado, el profesor, el empresario…, pero también tienen su decálogos los que sufren de amor no correspondido, el viajero del transporte público, el niño misionero, la producción del aceite de oliva, casi todo tipo de enfermedades cuyos decálogos proponen la ayuda para su prevención y muchos más.

Está también quien se animó a hacer un decálogo para aquellos que intentan hacer un buen decálogo. El mismo incluye, entre otros puntos, los siguientes: un buen decálogo ha de tener diez puntos diferentes, cada uno de los puntos del decálogo debe estar numerado, hay que destacar gráficamente la idea principal de cada punto, colocar los puntos de forma ordenada, se recomienda no escribir, sino pontificar, se deben dar órdenes tajantes, ser insistentes.

En cada decálogo hemos respetado el estilo de los autores aunque no siempre su extensión. Algunos eran demasiados largos, por lo que presentamos sólo su parte enunciativa; otros parecerían anti-decálogos, como el del Bibliotecario de Humberto Eco y no es nuestra intención decir si son buenos, regulares o malos.

El objetivo es recuperar con los decálogos una serie de orientaciones, de consejos o propuestas para la acción pedagógica y la educación en valores con un discurso distinto, o con una forma literaria diferente a los cuentos, anécdotas, historias de vida, testimonios o narraciones presentadas en los otros libros de esta colección, contribuyendo con sus propuestas al crecimiento en valores.

El ordenamiento alfabético está realizado a través de una palabra del título que pasa a ser indicativa del tema principal.

Buena suerte, que el Señor la/o acompañe y si quiere compartir la experiencia comuníquese con nosotros al correo electrónico:

editorial@paulinas.org.ar

Ana María Martínez fsp

DECÁLOGO DEL

1. No pases por encima de un estado de tu conciencia.

2. No afectes una convicción que no tengas.

3. No te rindas ante la popularidad ni adules a la tiranía.

4. Piensa siempre que tú eres para el cliente y no el cliente para ti.

5. No procures nunca en los tribunales ser más que los magistrados, pero no consientas ser menos.

6. Ten fe en la razón que es lo que, en general, prevalece.

7. Pon la moral por encima de las leyes.

8. Aprecia como el mejor de los textos el sentido común.

9. Procura la paz como el mayor de los triunfos.

10. Busca siempre la justicia por el camino de la sinceridad y sin otras armas que las de tu saber.

Extraído de "El alma de la toga", del maestro Dr. Ángel Ossorio y Gallardo, Decano del Ilustre Colegio de Abogados de Madrid. Perseguido por sus convicciones republicanas, tuvo que exiliarse en 1939, siendo acogido en la República Argentina.

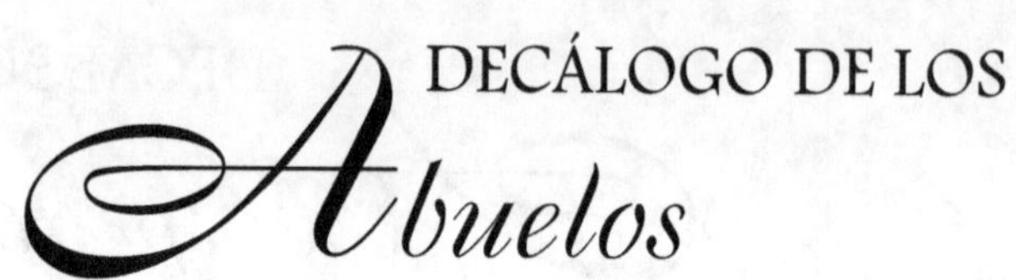

1. Tu nieto no es tu hijo. Tu responsabilidad, no es la del padre. Es otra muy distinta, que debes descubrir.

2. Tu nieto no es tuyo y la responsabilidad de su crianza le corresponde a sus padres. No pretendas arrogártela pues perderás al niño y puede ser que también a los padres.

3. Juega con tu nieto. Lo harás feliz, alegre y libre de complejos, y también lo serás tú. Vuelve a ser niño y sé dichoso.

4. Disfruta de tu nieto. Es una ocasión única que la vida te brinda de ser feliz.

5. No critiques a tu nieto ninguna actitud, postura, palabra o pensamiento de sus padres. El hijo admira a sus padres. No seas tú quien destruya esa admiración.

6. No permitas que tu nieto te critique a sus padres. Es una gran tentación. Tú debes tratar siempre de justificarlos y de defenderlos, pues los padres lo seguirán siendo de todos modos.

7. Proporciona a tu nieto unas raíces familiares. Este es tu papel fundamental como abuelo, hacer que sepa quién es, a dónde pertenece y de dónde procede. Que no se sienta solo en el mundo ni desarraigado, sin memoria histórica y sin justificación para nada.

8. No te excedas en la valoración de tu nieto. Todos los nietos son, para sus abuelos, los mejores, los más buenos, los más inteligentes, los más cariñosos... No dejes, pues, de ser racional por el hecho de ser abuelo.

9. Haz bueno a tu nieto. Sus padres están educándolo, es tu gran ocasión de colaborar con ellos y prepararle un futuro feliz.

10. No malcríes a tu nieto. Puedes y debes disfrutar de él y con él, pero sin malograr con ello la labor educadora de sus padres; incluso, aporta en ese sentido tu granito de arena siempre que haga falta.

Adaptación.

DECÁLOGO DEL

Ahorro de tiempo

El orden es el mejor instrumento para ahorrar tiempo.

1. Mantener siempre en orden el espacio de trabajo, tanto el escritorio como las mesas, los cajones, archivos y bibliotecas.

2. Saber usar con facilidad los equipos de la oficina: computadoras, fax, fotocopiadora, máquinas de escribir…

3. Mantener permanentemente actualizado el archivo. Debe proceder a una clasificación diaria de los documentos de interés.

4. Conocer técnicas de lectura rápida, lo que le facilitará la selección de documentos, cartas, etc.

5. Mantener al día la correspondencia de entrada y salida.

6. Finalizar siempre las tareas que se emprendan.

7. Conocer las distintas formas dc cnvío del material que dispone (correo, e-mail, fax, transportes…).

10

8. Evitar interrupciones muy prolongadas del trabajo. No dilatar las conversaciones telefónicas, los intercambios de opiniones en los pasillos, etc.

9. Reunirse con el jefe al comenzar la jornada de trabajo para supervisar y ordenar las tareas. Informar.

10. Organizar sistemáticamente el material de trabajo, tener siempre a mano lo imprescindible y hacer con regularidad las peticiones del material necesario.

Adaptado de la Enciclopedia de la Secretaria.

Alumno

1. Vive en la alegría.

2. Participa con responsabilidad.

3. Persevera en los empeños y tareas.

4. Es compañero de todos sin discriminación.

5. Tiene iniciativa.

6. Vive con responsabilidad.

7. Goza del juego y del deporte.

8. Se esfuerza para tener una vida cristiana.

9. Sabe escuchar y sabe dialogar.

10. Aprende de todo y de todos.

DECÁLOGO DE LA *Amabilidad*

1. Trata de reconocer y respetar los derechos y los méritos de los demás, y de aceptar sus formas de pensar, aunque sean distintas de las tuyas.

2. Trata a los demás con el mismo respeto y cariño con el que te gustaría que te tratasen a ti.

3. Procura ser complaciente con los que te rodean cuando te piden un favor.

4. Utiliza palabras como "gracias", "perdón", "por favor", que te facilitarán y harán más agradable tu relación con los demás.

5. Intenta ver en cada persona lo mejor de ella. Seguro que lo encontrarás y te sorprenderá.

6. Acostúmbrate a expresar tus mejores sentimientos, no los reprimas. Trata a los demás con toda la naturalidad, la alegría y el afecto que espontáneamente salgan de ti.

7. Acostúmbrate a sonreír. Muéstrate solidario, optimista y colaborador con las personas con las que convives.

8. Piensa que, si todos tratamos de dar lo mejor de nosotros mismos, todos seremos mucho más felices.

9. Trata de analizarte y observa si cuando eres amable o afectuoso con los demás, te sientes más a gusto contigo mismo.

10. Comprueba cuántas horas al día estás de buen humor. Si son muchas, alégrate porque estás construyendo un mundo más amable.

Fundación Humanismo y Ciencia.

DECÁLOGO DEL *Amigo verdadero*

1. Tratarás al amigo igual que te tratas a ti mismo.

2. Recordarás que la síntesis de la amistad consiste en darse, entregarse y gastarse.

3. Serás amigo de todos, sin distinción de raza, color, talento, salud, hermosura, o gustos, sobre todo de los que más te necesitan.

4. Desde la amistad y con la amistad trabajarás para instalar en el mundo la civilización del amor.

5. Con tu amistad abrirás un gratificante diálogo con cuantas personas encuentres en tu camino, sembrando ilusión, humor, coraje, fe, sonrisa y optimismo.

6. Nunca cederás en tu empeño de hacer florecer la amistad en tu alrededor, sabiendo que esta tarea exige constancia, esfuerzo, generosidad y fatigas.

7. Aceptarás y comprenderás al amigo tal cual es, y no como te gustaría que fuese.

8. Serás fiel y discreto con los secretos del amigo y te abrirás a él en personalizante confianza.

9. Con tu amistad te harás compañero de camino para los que están en tristeza y soledad y para aquellos que todavía no han descubierto que Jesús es el mejor amigo.

10. El verdadero amigo es comprensivo, servicial, no tiene envidia, no se engríe, no se irrita, ni lleva cuentas del mal, porque disculpa sin límites, cree sin límites, espera sin límites y ama sin límites.

Richard Cuadrado T. Misión Joven.

DECÁLOGO DE LA *Amistad*

1. La amistad es confianza. Es la convicción de que eres importante para el otro, que el otro te necesita, que puedes darle algo y que al dárselo no te empobreces.

2. La amistad se desarrolla lentamente. No puede crearse en un instante. Requiere tacto, prudencia y cuidado. No puede forzarse.

3. La amistad es paciente. Se basa en el lento desarrollo de una comunidad y complementariedad de intereses, puntos de vista y compromisos.

4. La amistad no es competitiva. Un amigo no necesita sobrepasar al otro ni teme ser sobrepasado por él.

5. La amistad permanece abierta. Siempre puede crecer más. Nunca es perfecta ni completa. Nunca ofrece razón para relajar el esfuerzo.

6. La amistad es expansiva. No se cierra en una comunidad de dos, posesiva y destructora de la personalidad. Se abre a los demás.

7. La amistad es juguetona. No está siempre en guardia. Los amigos se ofrecen mutuamente alegría y espontaneidad, retiran sus defensas y gozan de la seriedad del amor.

8. La amistad es sincera. El amigo es capaz de decir y de escuchar las cosas más duras, tanto como las suaves.

9. La amistad es estimulante. Hace al otro confiar en sí mismo hasta poner en acción lo mejor de sus propias cualidades.

10. La amistad es delicada. Todos somos más frágiles de lo que estamos dispuestos a admitir; también el amigo lo es. No está realmente seguro de que lo queremos. Hay que ser delicados con él.

Tomado de "¿Con quién estoy?". Comisión Nacional
Salesiana Pastoral Juvenil. CCS.

DECÁLOGO DE LA
Amistad duradera

1. No forzarás a nadie a ser tu amigo. La amistad es libre.

2. No pretenderás ganarte amistades con engaños, disimulando lo que eres o comportándote artificialmente. La amistad ha de ser sincera y gratuita.

3. No te aprovecharás de quien intenta, sin conseguirlo ser tu amigo o amiga, explotándole en beneficio propio. La amistad ha de ser leal y correspondida.

4. Fundamenta tu amistad en la comunicación, en la servicialidad, en el compartir, en el sacrificio por el amigo, y tu amistad será duradera.

5. No te cierres a la amistad con alguien por razones de raza, talento, hermosura, clase social, religión, política, siempre que sus actitudes merezcan confianza y correspondencia.

6. No harás amistad con los egoístas, los falsos, los que no cumplen su palabra, los incapaces de sacrificarse por los demás, los orgullosos, los violentos, los rencorosos, los que tienen formas de vida muy distintas de la tuya.

7. Aceptarás y comprenderás al amigo tal cual es, y no como te gustaría que fuese.

8. No harás nada que pueda llevar a los otros a romper con sus amigos, cuando no hay motivos graves que lo justifiquen.

9. Pórtate como amigo con tus padres y hermanos, con ellos se aprende la verdadera amistad.

10. Ten en cuenta que, para el cristiano, amar a los amigos no es la medida máxima del amor al prójimo; la medida máxima del amor al prójimo, según Jesús, es amar a los enemigos.

Tomado de la revista "Imágenes de la fe".

DECÁLOGO DEL BUEN
Amo de un perro

1. Dame sobre todo tu cariño, lo necesito más que cualquier otra cosa, los perros somos unos sentimentales terribles...

2. Proporcióname buena alimentación, basta un plato abundante una vez al día cuando soy perro adulto; me gustan las frutas y verduras (aunque no lo creas) y, por supuesto, nunca debe faltarme el agua.

3. Permíteme hacer ejercicio, necesito correr porque, como tú sabes, desciendo del lobo. Por eso, tenme en un amplio patio o llévame a donde pueda jugar sin peligro.

4. Arréglame un lugar abrigado para dormir, me gusta tener mi casa donde pueda recogerme cuando llueve o hace frío.

5. No me dejes nunca en la calle, no quiero morir en la perrera municipal, ni bajo las ruedas de un auto, ni sobre la mesa de experimentación de un laboratorio; cierra tu propiedad con una buena reja y no dejes abiertas las puertas (recuerda que también hay ladrones).

6. Cuida mi salud, llévame al veterinario cuando me notes dolorido, resfriado o triste. Vacúname contra la rabia y contra el moquillo, cepíllame en vez de bañarme o, si me bañas, sécame bien, pues la humedad me perjudica.

7. No me tengas amarrado, si tienes que hacerlo, suéltame con frecuencia, si no puedes soltarme, colócame una "cadena corredera" sobre un alambre grueso y largo, tendido entre dos árboles o postes.

8. Enséñame a obedecerte y ayudarte, me gusta aprender y demostrarte mi inteligencia, pero hazlo con paciencia y cariño, nunca con golpes o a gritos.

9. Trátame con justicia, no descargues en mí tu mal genio ni me hagas pagar culpas ajenas, trata de comprenderme aunque a veces te cueste, no olvides que tú eres el "ser racional"...

10. No me abandones jamás, sé tan leal conmigo como yo lo soy contigo, si algún motivo insuperable te obliga a separarte de mí, prefiero que me hagas dormir para siempre, sin que yo lo sepa, antes que dejarme en manos de extraños o echarme a la calle.

Amor

1. Amor es entrega, compromiso y servicio.

2. Amor es relacionarse con comprensión, destacando lo bueno del otro y aceptando lo no tan óptimo del otro, respetando sus tiempos y sus miedos.

3. Amor es valorarnos como seres en crecimiento, aprender a convivir con nosotros y los demás en paz, valorando nuestros pequeños logros y también los ajenos. Fortaleciéndonos a nosotros mismos y también a los demás.

4. Amor es generar en la humanidad o en aquellos que lo quieran, una alternativa de vida donde todos podamos crecer en ella y ayudar a crecer.

5. Amor es ser conscientes de la responsabilidad de constituir una generación animada por el amor.

6. Amor es el empeño constante del desarrollo espiritual.

7. Amor es transmitir el mensaje de la Buena Noticia y la única posibilidad de desterrar al desamor, la violencia y desesperanza.

8. Amor es templanza frente a la adversidad y solidaridad con el más necesitado.

9. Amor es humildad, porque los últimos serán los primeros.

10. Amor es la libertad positiva, ejercida con responsabilidad frente a nosotros mismos, a Dios y la comunidad.

Adaptación.

Aprender viviendo

1. He aprendido... que cuando estás enamorado, se te nota.

2. He aprendido... que una persona diciéndome: "Me alegraste el día"... alegra mi día.

3. He aprendido... que ser niño es más importante que estar en lo correcto.

4. He aprendido... que siempre puedo rezar por alguien, cuando no tengo otro modo de ayudarlo.

5. He aprendido... que no importa qué tan serio requiera la vida que seas, todos necesitamos un amigo con el que podamos reír a carcajadas.

6. He aprendido... que debemos estar felices porque Dios no nos da todo lo que pedimos, y que las oportunidades nunca se pierden, alguien más tomará aquella que tú dejaste pasar.

7. He aprendido... que el dinero no compra todo, menos la virtud, y que algunas veces, todo lo que una persona necesita es una mano que sostener y un corazón que entender.

8. He aprendido... que esas pequeñas cosas que pasan cada día, son las que hacen la vida espectacular.

9. He aprendido... que debajo del duro escudo de las personas, hay alguien que quiere ser apreciado y amado.

10. He aprendido... que es el amor, no el tiempo..., el que cura todas las heridas.

DECÁLOGO DEL
Arca de Noé

Todo lo que necesito saber,
lo aprendí del arca de Noé:

1. No pierdas el barco.

2. Recuerda que no eres el único en el barco, en él estamos todos.

3. Organízate por adelantado, no estaba lloviendo cuando Noé construyó el arca.

4. Mantente en buena salud, cuando tengas 600 años alguien puede pedirte que hagas algo muy grande.

5. No escuches a los críticos, simplemente sigue con el trabajo que necesita ser hecho.

6. Construye tu futuro en tierra alta, y por razones de seguridad siempre anda acompañado, en pareja.

7. La velocidad no siempre es una ventaja, en el arca es igual el cóndor que el caracol.

8. Cuando estés estresado, contempla un rato el cielo.

9. Recuerda, el arca fue construida por aficionados guiados por la mano de Dios; el Titanic por profesionales.

10. No importa la tormenta cuando estás con Dios, siempre hay un arco iris esperándote.

Adaptación.

DECÁLOGO DEL Buen botiquín

Un buen botiquín debe tener:

1. Palillos: para acordarte de "escarbar" en los demás todas las cualidades que tienen.

2. Un trozo de goma eva: para acordarte de ser flexible, ya que las cosas y las personas no siempre son de la manera como tú quieres que sean.

3. Varias curitas: para ayudarte a curar aquellos sentimientos heridos, sean tuyos o de los demás.

4. Un lápiz: para que anotes diariamente todas las bendiciones (que son muchas) que Dios te regala.

5. Una goma de borrar: para acordarte de que todos cometemos errores y que no pasa nada.

6. Una caja de chicles: para acordarte de "pegarte" a todo aquello que puedes sacar adelante con tu esfuerzo.

7. Un "bon o bon": para que te acuerdes que todo mundo necesita un beso o un abrazo cada día.

8. Un paquete de pañuelos descartables: para secar las lágrimas del que está triste, solo o ha sufrido una gran pérdida.

9. Un fósforo: para dar calor al corazón helado que ha dejado de amar.

10. Una bolsita de té: para tomarte un tiempo, relajarte y hacer una lista de todo lo que tienes y de los dones con que Dios te colma diariamente.

DECÁLOGO DEL BUEN Ciudadano

1. Cuando veas una injusticia y un problema que afecte a la convivencia pacífica de todos, no digas "no tengo nada que ver, no es mi problema". Infórmate y trata de hacer lo posible para mejorar la situación.

2. Lee los diarios, escucha las noticias, trata de formar tu propia opinión sobre los distintos temas que interesan a tu país y contribuye con el bienestar de tu gente.

3. Respeta y honra a tu país, con todo lo que esto significa: cultura, estilo de vida, libertad y derechos de todos.

4. Examina las propuestas de los candidatos que te piden el voto y fíjate en los temas que tengan que ver con la pobreza, la promoción de los niños y jóvenes y los derechos humanos. Examina la trayectoria de los candidatos, su coherencia y su transparencia ética.

5. Rechaza todo tipo de racismo y autoritarismo, venga de donde venga.

6. Sé un buen vecino, preocúpate de los problemas de tu barrio, colabora para que la comisión de vecinos cumpla eficazmente su labor.

7. No creas todo lo que te dicen, desarrolla tu sentido crítico.

8. Escucha con apertura la opinión de todos los políticos y actores sociales, aunque no concuerdes con ellos en todo. La verdad absoluta no es patrimonio de nadie, sólo Dios la tiene.

9. Revisa tus criterios y formas de pensar a la luz de tu escala de valores y del Evangelio.

10. Sé un actor social activo y participa (en un partido político, en tu gremio o en una comisión de vecinos, etc.). No esperes que los demás hagan todo por ti.

Adaptación.

Comunidad

1. Comunidad significa un cambio de hogar, no ya por lazos de sangre, sino por la sangre derramada del Hijo. Se accede voluntariamente a ella siendo acogidos/as por Jesús.

2. Jesús en su vida acogió a muy pocos, pero murió por todos. Esta acogida recrea, restaura y mide el amor de caridad. La fraternidad es un aprendizaje difícil en una cultura de violencia y de venganza.

3. La comunidad está llamada a ser hogar de puertas abiertas para tantos hermanos y hermanas. La comunidad debe hacer suya la cultura de la hospitalidad.

4. La comunidad ha de ser imagen del amor de Jesús. La auténtica vida fraterna hace que la vida en comunidad sea presencia del Resucitado a través de aquella paz que sólo Él puede dar.

5. Viviendo en fraternidad, siendo cada uno/a como Jesús quiere, y acogiendo al otro tal como es, la comunidad expresa, en el seguimiento de Jesús, el llamado a ser un auténtico signo escatológico.

6. La comunidad manifiesta el amor que mueve a dejarlo todo por el Reino y a acoger al otro, en nombre del Señor y desde la propia precariedad, correr al encuentro de cada hermano, con delicadeza, respeto y veneración ya que en él se acoge y adora a Cristo.

7. En la comunidad cada uno es llamado a ser huésped y forastero a la vez, esto se actualiza en la oración, en la eucaristía, en la soledad como medio para el diálogo con Dios… pero ha de hacerse realidad en la vida a través del amor.

8. La comunidad ha de ser signo de la misericordia de Dios. Lo recibido gratis hay que darlo gratis; así lo hizo Jesús, y la recompensa es Él.

9. La vida en comunidad ha de ser una vocación de acogida. Ha de caber en el corazón de cada miembro todo lo humano, con sus carencias y realidades.

10. La comunidad de discípulos se reúne por amor, tiene el mandamiento del amor que Jesús le deja en la palabra y en la vida. Amar es la fuerza que la hace anunciadora del tiempo de la libertad.

DECÁLOGO PARA *Conservar la amistad*

1. Respetar a los demás: no hacer o decir nada que moleste al otro, que lo lastime u ofenda. *"Lo que os mando es: que os améis los unos a los otros"* (Jn 15, 17).

2. Acompañar: siempre hay personas que sufren soledad. Siempre hay personas que necesitan de alguien que les ayude a cruzar la calle, a subir una escalera, etc. *"Señor, no tengo a nadie..."* (Jn 5, 7). El tiempo destinado a hacerles compañía es siempre bien empleado, y nos hacemos de buenos amigos.

3. Callar: dos no pelean si uno no quiere. Saber callar por el bien de los demás es la manera de evitar conflictos, aunque se tenga razón. Incluso de la oración leemos en el Evangelio: *"Y al orar, no charléis mucho..."* (Mt 6, 7).

4. Pequeños detalles: tenerlos con todos, aunque no los tengan con uno. *"Porque si amáis a los que os aman, ¿qué recompensa vais a tener?"* (Mt 5, 46).

5. Servir: la vocación del cristiano es servir, es nuestra honra. Ningún cristiano debe exigir ser servido, aunque sea jefe. El Señor nos enseña la forma: *"No os llamo ya siervos, porque el siervo no sabe lo que hace su amo; a vosotros os he llamado amigos, porque todo lo que he oído a mi Padre os lo he dado a conocer"* (Jn 15, 15).

6. Aceptar a las personas como son: no esperar a que sean como -según nosotros- deberían de ser, sino aceptarlas como son de hecho. Son un proyecto de Dios. La partitura que Dios nos dio, nadie la ha tocado o nunca nadie la ha tocado bien del todo: sólo Jesús y María. *"He aquí la esclava del Señor"* (Lc 1, 38).

7. No exigir a nadie sólo nuestros derechos: hemos de esforzarnos para que todos tengan los derechos debidos. Exigir únicamente los derechos propios es egoísmo; teniendo en cuenta los de los demás puede ser caridad y justicia. *"Buscad primero el reino de Dios y su justicia"* (Mt 6, 33).

8. Cuidar de las personas: preferentemente de las abandonadas, enfermas, pobres... *"Felices los misericordiosos, porque ellos alcanzarán misericordia"* (Mt 5, 7).

9. Olvidarse de sí: y también de los propios planes para servir al que lo necesita. *"El que ama su vida la perderá"* (Mt 10, 39).

10. No hablar mal de nadie: es incongruente con la vida cristiana. *"Les dijo Jesús: ¿Por qué molestáis a esta mujer?"* (Mt 26, 10).

Ramón Ojeda Centurión. Adaptación.

DECÁLOGO PARA
Construir la paz

1. Mira a todos con respeto y benevolencia.

2. No hables mal contra nadie, no condenes a ninguna persona, a ningún grupo, a ningún pueblo, a ninguna institución.

3. Perdona las injurias presentes y pasadas, líbrate de las garras del odio, guarda la libertad de tu corazón para amar, para convivir, para comenzar una vida nueva cada día.

4. Desea simplemente la paz con todos, la colaboración, la convivencia, el gozo de la fraternidad y del servicio.

5. Trata de simplificar los problemas en vez de agrandarlos; no acumules las sombras, busca en todo los resquicios de luz y los caminos de la esperanza.

6. Ten el valor de negarte a colaborar con cualquier proyecto violento, apártate de los que enseñan y practican el odio, la venganza, el amedrentamiento y la violencia.

7. Crea en torno a ti sentimientos y actitudes de paz, de concordia, de convivencia, de misericordia y de consuelo.

8. Apoya a los que trabajan sinceramente por la paz, en la verdad, en la libertad y en la justicia.

9. Dedica algún tiempo a trabajar tú también por la paz, con serenidad, esperanza y generosidad.

10. Pide a Dios que te dé el espíritu de la sabiduría, de la bondad, de la fortaleza y de la generosidad para ser instrumento de su bondad y de su amor en un mundo renovado, donde todos podamos vivir en la verdad, el amor, la libertad y la fraternidad.

Mons. Fernando Sebastián Aguilar.

DECÁLOGO CIUDADANO
Contra la corrupción

1. Conocer tus derechos.

2. Respetar las leyes.

3. Predicar con el ejemplo.

4. Identificar los actos de corrupción.

5. ¡No más coimas!

6. Mantén tus papeles en regla.

7. Planea para prevenir.

8. Denuncia la corrupción.

9. Participa en el mejoramiento de tu comunidad.

10. No pierdas la convicción.

Benjamín Hill Mayoral.

DECÁLOGO
Contra la depresión

1. Aceptaré lo que no puedo cambiar, y cambiaré lo que no debo aceptar.

2. Cada día me levantaré con la alegría de que todo puede ir bien.

3. Pensaré en lo positivo de todas las cosas, y hasta encontrarlo no pararé.

4. Sonreiré siempre, aunque a veces no tenga ganas, porque la sonrisa puede cambiar muchas cosas.

5. Sólo por hoy y en estos momentos intentaré ser lo más feliz posible.

6. Dejaré el pasado a la misericordia de Dios, pues no puedo cambiarlo pero sí aceptarlo.

7. Abandonaré el futuro en manos de Dios, pues no debe ser fuente de preocupación cuando Dios es Padre y yo soy su hijo querido.

8. Descansaré y me tomaré la vida con más calma, pues yo no soy la divina Providencia.

9. Tendré sentido del humor y me reiré mucho, pues es bastante sano.

10. Cuando no pueda más, pensaré que todavía Tú... ¡menos mal que estás siempre ahí, Señor!

Paco Cerro.

Conversión cuaresmal

1. La conversión es recordar que el Señor nos hizo para sí y que todos los anhelos, expectativas, búsquedas y hasta frenesíes de nuestra vida, sólo descansarán cuando volvamos a Él.

2. La conversión es la llamada insistente a que asumamos, reconozcamos y purifiquemos nuestras debilidades.

3. La conversión es ponernos en el camino, con la ternura, la humildad y la sinceridad del hijo pródigo, de rectificar los pequeños o grandes errores y defectos de nuestra vida.

4. La conversión es entrar en uno mismo y tamizar la propia existencia a la luz del Señor, de su Palabra y de su Iglesia y descubrir todo lo que hay en nosotros de vana ambición, de presunción innecesaria, de limitación y egoísmo.

5. La conversión es cambiar nuestra mentalidad, llena de eslóganes lejanos al Evangelio, y transformarla en una visión cristiana y sobrenatural de la vida.

6. La conversión es cortar nuestros caminos de pecado, de materialismo, paganismo, consumismo, sensualismo, secularismo e insolidaridad y emprender el verdadero camino de los hijos de Dios, ligeros de equipaje.

7. La conversión es examinarnos de amor y encontrar nuestro corazón y nuestras manos más o menos vacías.

8. La conversión es renunciar a nuestro viejo egoísmo que cierra las puertas a Dios y al prójimo.

9. La conversión es mirar a Jesucristo y contemplar su cuerpo desnudo, sus manos rotas, sus pies atados, su corazón traspasado, y sentir la necesidad de responder con amor al Amor que no es amado.

10. Así, la conversión, siempre obra de la misericordia y de la gracia de Dios y del esfuerzo del hombre, será encuentro gozoso, sanante y transformador con Jesucristo.

Jesús de las Heras.

DECÁLOGO DE LA
Convivencia

1. Acepta al prójimo como es, ámalo con todos sus defectos.

2. No tomes en cuenta sus ingratitudes y desvíos.

3. No juzgues la conducta de los otros a sus espaldas.

4. Interésate con frecuencia por sus cosas.

5. Alaba sus cualidades o virtudes en su ausencia, que muy pronto lo sabrá.

6. Sirve al prójimo aunque sea un cómodo.

7. Agradece al otro sus pequeñas atenciones, tratando de hacérselas mayores tú.

8. Mantente siempre alegre para alegrar a todos.

9. Alégrate de los triunfos de otro, sin envidiarlos.

10. Pide las cosas por favor, y si haces algo mal, pide perdón.

DECÁLOGO PARA LA
Convivencia conyugal

1. Estar siempre dispuesto a dar y recibir pequeñas muestras de amor. Tener muy en cuenta que lo importante es lo pequeño.

2. Luchar por no ser hipersensible en la convivencia. No dar importancia a cosas sin importancia.

3. Procurar evitar discusiones innecesarias.

4. Tener capacidad de reacción tras momentos, ratos o días difíciles. No aplazar el regreso a la normalidad.

5. Cuidar el lenguaje verbal y no verbal, sabiendo que cualquier conducta humana es comunicación. Por eso, atender muy especialmente a tres ingredientes esenciales de la comunicación: respeto, comprensión y delicadeza.

6. Poner el máximo empeño para que no salga la lista de agravios históricos.

7. Tener el don de la oportunidad. Todo comportamiento necesita un cierto aprendizaje. Estar dispuesto a adquirirlo.

8. Tener paciencia, ser comprensivos y buscar ayuda. Para lograr una correcta estabilidad de la pareja es necesario adquirir habilidades para la comunicación.

9. Ser asertivos y respetar la intimidad.

10. Saber pedir perdón si se ha ofendido.

DECÁLOGO DE LA Cortesía

Este decálogo se puede resumir en una frase: compórtate con los demás como te gustaría que los demás se comportasen contigo.

1. Trata siempre de comprender a los demás. Colócate en el lugar del otro y te será fácil saber cómo comportarte.

2. Da tu opinión sólo si te la piden. No te quieras convertir en consejero de los que no te piden consejo, pues sólo conseguirás pasar por presuntuoso.

3. Sonríe siempre a todo el mundo. La sonrisa te abrirá todas las puertas. El ceño fruncido, te las cerrará.

4. Escucha a los demás. Pues para ellos, sus problemas, sus triunfos o sus ideas son las más importantes y necesitan compartirlas.

5. No discutas. Discutir sólo sirve para crear antagonismos. Tú debes tender a razonar, a encontrar la verdad, pero nunca a tener razón. No te hace ninguna falta ni te ayuda en nada.

6. Sé puntual. La impuntualidad, además de ser una falta de educación, es un robo a los demás, de su tiempo, del que no tienes derecho a disponer.

7. Está alegre. La tristeza no te ayudará a resolver ni a disfrutar nada. La alegría, en cambio, es contagiosa y obra milagros.

8. No hables de tus problemas. No le interesan a nadie, pues cada cual está bastante preocupado con los suyos.

9. No prometas si no vas a cumplir y por supuesto, cumple lo que hayas prometido. No hay nada peor que la informalidad.

10. Pide todo "por favor" y da siempre las "gracias". A todo el mundo le halagan el respeto y la gratitud de los demás, aunque digan lo contrario.

DECÁLOGO PARA
Crecer en la paz

1. Eres alguien muy importante. Quiérete.

2. Valora tus amigos. Les darás seguridad.

3. Descubre todo lo que te une a los demás por encima de lo que te separa.

4. Respeta las opiniones. Así contribuirás al diálogo.

5. Aprende a escuchar. Comprenderás mejor a los demás.

6. Esfuérzate por terminar bien tus tareas. Disfrutarás con el resultado.

7. Cumple con tus responsabilidades. Los demás lo necesitan.

8. Trabaja en grupo. Nadie sabe más que todos juntos.

9. Comparte tus cosas con los demás. Te hará muy feliz.

10. Pon paz dentro de ti, de esta forma estarás poniendo también paz a tu alrededor.

Cristiano ñoqui

1. El cristiano ñoqui pide la bendición de su rosario, y lo tiene al cuello, pero nunca lo reza.

2. El cristiano ñoqui se casa por la Iglesia, pero no forma una familia cristiana.

3. El cristiano ñoqui bautiza a sus hijos, pero no los educa en la fe.

4. El cristiano ñoqui pide misas por sus difuntos, pero no va a misa para participar con todos.

5. El cristiano ñoqui espera que el otro haga lo que él debe hacer.

6. El cristiano ñoqui piensa siempre en sacarle el jugo a su Iglesia, pero nunca se acuerda de retribuirle con algo.

7. El cristiano ñoqui siempre toma la comunión, pero no hace nada para hacer la comunión.

8. El cristiano ñoqui habla de amor y justicia, pero hace la vista gorda a todo lo que ocurre a su alrededor.

9. El cristiano ñoqui dice que ama a Cristo, pero no hace nada para que otros también lo puedan amar.

10. El cristiano ñoqui ocupa un cargo donde puede figurar, pero no se ocupa de servir.

Cultura de la calidad

Una cultura antes que las normas.

1. Cada día hay que aprender algo nuevo.

2. Cada día hay que ser mejores.

3. Buscar la perfección.

4. Consultar al que sabe.

5. Ser constante.

6. Cultivar el orden, la limpieza y la disciplina.

7. Respetar a las personas.

8. Respetar el medio ambiente.

9. Liderar antes que supervisar.

10. Privilegiar la totalidad.

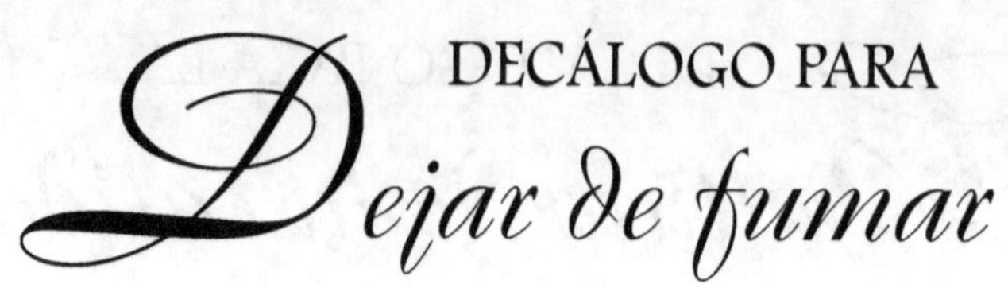

1. Piensa por qué fumas cada vez que enciendes un cigarrillo, e infórmate sobre el tabaco.

2. Busca tus motivos para dejar de fumar, y escríbelos en una lista.

3. Evita las situaciones que asocias con fumar, y elige ambientes sin humo.

4. Decide el día en que vas a dejar de fumar y, si lo crees oportuno, díselo a tus familiares y amigos.

5. El primer día levántate un poco antes y haz ejercicio físico; bebe jugo y agua.

6. Debes estar lo más activo posible durante el día, de manera que tus manos y boca estén ocupadas.

7. Decídete a no fumar, aunque sólo sea el día de hoy.

8. Practica alguna actividad física, mejor en grupo, y toma una dieta rica en frutas y verduras. Relee tu lista de motivos para dejar de fumar.

9. Si sientes un deseo muy fuerte de fumar, no te preocupes; relájate, respira profundamente y concéntrate en lo que estás haciendo. También puedes consultar a los profesionales sanitarios.

10. No cedas ni por un solo cigarrillo. Recuerda que el deseo de fumar disminuye después de la segunda o tercera semana. Felicítate por cada día que pasas sin fumar.

Adaptación.

DECÁLOGO DE LOS
Derechos de las familias

1. Todas las personas tienen derecho a elegir su estado de vida. Establecer una familia es un derecho natural.

2. La familia es elevada por Dios a la categoría de sacramento, de prolongación y visualización de su amor.

3. La familia cristiana se fundamenta en el sacramento del matrimonio, imagen de la unión de Cristo con su Iglesia.

4. El matrimonio cristiano no puede ser contraído sin libre y pleno consentimiento de los contrayentes.

5. Los esposos tienen el derecho inalienable de fundar una familia, comunidad de vida y de amor.

6. La vida humana, cuyo santuario es el matrimonio y la familia, debe ser respetada, protegida y potenciada absolutamente desde el primer momento de la concepción hasta su ocaso natural.

7. Por el hecho de haber dado vida a sus hijos, los padres tienen el derecho, primario e inalienable, a educarlos.

8. Por esta misma razón, los padres son asimismo los primeros responsables de la educación religiosa de sus hijos.

9. Las familias tienen el derecho de poder contar con una política familiar por parte de las autoridades públicas que garantice su desarrollo integral en lo jurídico, lo social, lo económico, lo cultural y lo fiscal, sin discriminación alguna.

10. Las familias, todas las familias, tienen derecho a la educación, a la sanidad, al bienestar, al esparcimiento, al descanso, a la vivienda digna y al trabajo.

DECÁLOGO DE LOS
Derechos de los niños

1. Derecho a la vida.

2. Derecho a que los derechos del niño contemplados en la Convención de los Derechos de la Niñez se cumplan.

3. Derecho a la educación.

4. Derecho a la salud.

5. Derecho a la protección.

6. Derecho a preservar y proteger el medio ambiente.

7. Derecho a una identidad.

8. Derecho a la libertad de expresión.

9. Derecho a no ser discriminados.

10. Derecho a la familia.

Adaptación de los Derechos Internacionales del Niño y del Decálogo boliviano.

Diálogo

1. Para dialogar hace falta tiempo. Es preciso dialogar sin prisas, con calma.

2. Para que el diálogo merezca tal nombre es necesario que los interlocutores tengan fe en el diálogo.

3. El diálogo debe ser preparado y mantenido en el clima favorable de la amistad y la confianza mutua.

4. Dialogar exige conocer al otro. Y sólo se conoce de verdad cuando se ama.

5. En el diálogo es imprescindible la sinceridad, la corrección y la honestidad.

6. Hay que saber escuchar hasta el final. No es posible dialogar sin terminar de saber lo que el otro está diciendo.

7. Hay que saber aceptar y estar dispuestos a reconocer nuestro error y la verdad del otro.

8. El diálogo se construye desde la argumentación. Nunca desde la agresividad.

9. En el diálogo y siempre, hay que respetar al otro, reconocer su intrínseca dignidad, sea quien sea.

10. En el diálogo no podemos abusar ni de nuestra experiencia, ni de nuestra inteligencia, ni de nuestra autoridad.

José María Pérez Lozano.

1. Amarás a tus alumnos con todo tu corazón, alma y fuerzas, pero sabiamente con tu cerebro.

2. Verás en tus alumnos a personas, y no a objetos de tu pertenencia.

3. No les exigirás amor y respeto, sino que tratarás de ganártelos.

4. Cada vez que sus actos te hagan perder la paciencia, traerás a la memoria los tuyos cuando tenías su edad, y procurarás corregirlos con amor.

5. Recuerda que tu ejemplo será más elocuente que el mejor de los sermones.

6. Piensa que tus alumnos ven en ti a un ser superior; no los desilusiones.

7. Serás en el camino de su vida una señal que los ayudará a no tomar rumbos equivocados.

8. Les enseñarás a admirar la belleza, a practicar el bien y a amar la verdad.

9. Brindarás atención a sus problemas cuando ellos te lo pidan, o cuando consideren que pueden contar contigo.

10. Les enseñarás con tu palabra y con tu ejemplo a amar a Dios sobre todas las cosas y a respetar
y obedecer a sus padres.

Adaptación.

DECÁLOGO DEL Don de la vida

1. Creerás que Dios es el Dios de la vida, que desea la vida en abundancia para todos y no la muerte.

2. No utilizarás el nombre del Dios de la vida para atentar contra la vida de nadie.

3. Agradecerás a Dios la vida y la celebrarás como un gran don y una fiesta.

4. Defenderás la vida amenazada y honrarás a los que te han dado la vida.

5. No matarás de cualquier manera la vida, puesto que la vida es de Dios.

6. Valorarás la vida sin egoísmo.

7. No te apropiarás de los bienes que han sido creados con el fin de que todos los disfruten.

8. Compartirás la vida con tu pueblo, con toda verdad.

9. Trabajarás para que todos tengan lo suficiente para vivir.

10. Pondrás tu vida al servicio de los otros, aun con riesgo: tu vida por el bien de los otros.

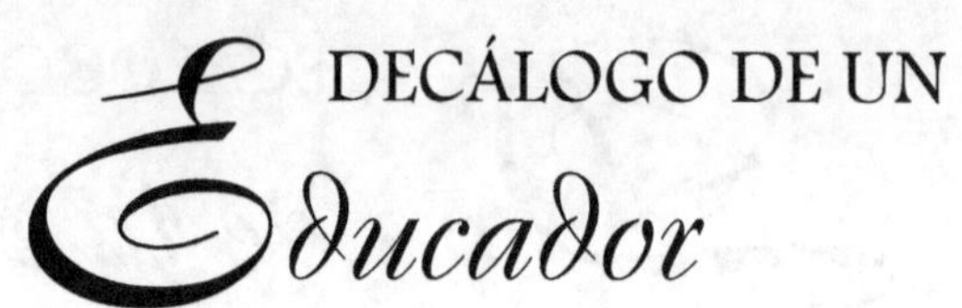

DECÁLOGO DE UN EDUCADOR

"Cuando pienses que todos tus esfuerzos, desvelos y sacrificios por educar no dan ningún fruto, no desesperes… ama".

1. Expresarás cada día tu amor al único Maestro, a Jesús de Nazaret; le "plagiarás" sus palabras, sus sentimientos, su buen hacer, su predilección por los últimos.

2. Deletrearás cada mañana el nombre de cada uno de tus muchachos/as, lo repetirás al mediodía y al atardecer, y por la noche cuando te acuestes presentarás al Señor cada una de sus vidas.

3. Usarás todos los medios que tengas a tu alcance para hacer de tu profesión una fiesta, en la que todos "tus comensales" acaben ebrios de amor, de paz y de solidaridad.

4. Compensarás todos los sacrificios que hicieron tus padres por ti, regalándoles siempre que puedas enormes dosis de agradecimiento.

5. Alumbrarás la vida de tus muchachos/as, de todos y de cada uno de ellos, sabiendo que la negación de una palabra, de una sonrisa o de un consejo, pueden conducir a la muerte de una ilusión, un proyecto, un sueño, una vida.

6. Renunciarás a todo tipo de egolatría; arrinconarás tus títulos y así evitarás cometer cualquier acto de pedantería. Tus éxitos serán los éxitos de tus discípulos; no olvidarás nunca que el gran Maestro estableció su cátedra en una cruz.

7. Abrirás las puertas de tu corazón y las mantendrás de par en par, de modo que las personas que tu Maestro ha puesto en tu camino, puedan entrar a sus anchas y hurtarte tu tiempo, tus consejos, tus capacidades.

8. Meditarás a menudo las palabras de tu Maestro, a fin de que te conviertas en un acérrimo apóstol de la Verdad, luchando contra toda injusticia, desigualdad y mentira.

9. Aprenderás cada día nuevas cosas; no te cerrarás en la falsa idea de que ya lo sabes todo, arrojando de ti todo deseo de arrogancia, prepotencia y presunción.

10. Recuerda una y otra vez que al educar estás amando, y que la educación es una de las formas más bonitas y eficientes de amar a las personas.

José María Escudero Fernández.

DECÁLOGO PARA
Educar a los hijos

1. Tener un verdadero y cabal amor a sus hijos.

2. Que los padres se quieran entre sí.

3. Que enseñen a querer.

4. El mejor educador es el ejemplo.

5. Animar y recompensar.

6. Ejercer la autoridad, sin forzarla ni malograrla.

7. Saber reprender y castigar.

8. Formar la conciencia y educar la libertad.

9. No malcriar a los niños.

10. Recurrir a la ayuda de Dios.

Tomás Melendo Granados.

DECÁLOGO DE LA
Elección responsable

1. Tú eres el arquitecto de tu vida. La única manera de salir adelante es no culpar a los demás de lo que te sucede.

2. Si la vida no te ha sido muy favorable hasta ahora, el futuro puede cambiar y depende especialmente de ti.

3. Si has tenido muchos fracasos, estás en una excelente posición para comenzar una nueva vida, pues eres experto en conocer cómo no deben hacerse las cosas.

4. Cuando tú sabes qué es lo errado, no lo repetirás en el futuro y te acercará cada vez más al éxito.

5. A partir de hoy tu vida puede tomar uno de dos rumbos. El éxito o el fracaso. La felicidad o la infelicidad.

6. Es tu decisión cuál camino tomar y tienes igual oportunidad de seguir uno u otro sendero. Tienes las mismas posibilidades para cualquiera de los dos.

7. La forma de tomar el sendero del triunfo es... ¡dejar de culpar a los demás!, asumir tu propia responsabilidad y virar hacia una actitud mental positiva y constructiva.

8. Elimina los "si no fuera por…". "Si no fuera por mis padres, yo habría hecho…", "si no fuera por este gobierno, yo estaría…", "si hubiera tenido dinero…", "si me consideraran en la oficina…".

9. Nada soluciona el culpar a los demás o a las circunstancias, lo que pasó, ya pasó, sólo procura aprender de cada una de TUS elecciones.

10. Si las cosas te sucedieron, es en gran parte tu responsabilidad. Asúmelas y tu vida cambiará.

Sergio Valdivia. Adaptación.

DECÁLOGO DE UNA *Empresa socialmente responsable*

1. Busca los fines y el éxito de su empresa, contribuyendo, al mismo tiempo, al bienestar de la sociedad en general y de las comunidades donde opera en particular.

2. Considera las necesidades de la comunidad en la toma de decisiones y la definición de las estrategias de la empresa y colabora en su solución.

3. Hace públicos su compromiso con la sociedad y los logros que alcanzan.

4. Vive conforme a esquemas de liderazgo participativo, solidario, de servicio y respeto a la dignidad humana, actúa con base en un código de ética.

5. Fomenta el desarrollo humano y profesional de su comunidad laboral y de sus familias.

6. Apoya alguna causa social afín a la actividad que desarrolla como parte de su estrategia de negocios.

7. Respeta y preserva el entorno ecológico en todos y cada uno de los procesos de operación y comercialización que realiza.

8. Invierte todo el tiempo, talento y recursos empresariales que estén a su alcance a favor de la comunidad en la que opera y de las causas que decide apoyar.

9. Participa en alianzas intersectoriales que, en conjunto con las organizaciones de la sociedad civil y el gobierno, permitan atender las necesidades sociales de mayor importancia.

10. Motiva a su personal, accionista y proveedores para que participen en los programas empresariales de inversión y desarrollo social.

Centro Mexicano de Filantropía.

DECÁLOGO DEL
Empresario cristiano

1. Es preciso estar siempre convenientemente preparado. Debemos estar listos como las vírgenes prudentes del Evangelio.

2. Es necesario establecer un proyecto con la firme determinación de realizarlo, como Jesús en su misión redentora. Cuando nos fijemos una meta, debemos llegar a ella paso a paso.

3. Es muy importante saber escoger bien a los colaboradores, a quienes, como Jesucristo, debemos dedicar tiempo, formación, confianza y cariño.

4. Para desempeñar un papel importante para realizar una empresa, es necesario estar decidido a superar los obstáculos sin escatimar ni tiempo ni sacrificios ni dedicación.

5. Jamás se debe pactar ni hacer compromiso alguno con la corrupción en cualquiera de sus expresiones o niveles.

6. Es necesario cultivar bien las buenas relaciones. Como Juan el Bautista que preparó el camino del Señor con humildad, delicadeza, afecto y desinterés.

7. En toda empresa y actividad humana y sobrenatural, es necesario reservar una especial
atención a los niños, a los propios, a los de los colaboradores y a los de los destinatarios.

8. Cada empresa y cada proyecto padecen sus
propias crisis. Es necesaria la prevención y la repa-
ración, y hay que estar siempre dispuestos a dar la
cara a los problemas y dificultades.

9. Hay muchas buenas tareas por hacer. Sin
embargo, es necesario saber escoger la prioridad
de las prioridades.

10. Preparar el sucesor. Jesús preparó a los doce
y puso a su frente a Pedro. No podemos eternizar-
nos ni nadie es insustituible.

Cardenal Francisco Javier Nguyen Van Thuain.

DECÁLOGO PARA
Encontrar a Dios

1. ¿Alguna vez has sentido que tienes tantos problemas y las cosas ya se están saliendo de su cauce, y de pronto un día todo está resuelto?... Ese es Dios, que tomó todas las cosas y las puso en su lugar.

2. ¿Alguna vez te has sentido derrotado y alguien parece estar alrededor tuyo para hablarte?... Ese es Dios, Él quiere hablar contigo.

3. ¿Alguna vez has estado pensando en alguien a quien amas y no has visto por largo tiempo, y la próxima cosa que pasa es verlo o recibir una llamada de esa persona?... Ese es Dios, no existe la coincidencia.

4. ¿Alguna vez has recibido algo maravilloso que ni siquiera pediste?... Ese es Dios, que conoce los secretos de tu corazón.

5. ¿Alguna vez has estado en una situación problemática y no tenías indicios de cómo se iba a resolver y de pronto todo queda resuelto sin darte cuenta?... Ese es Dios, que toma tus problemas en sus manos y les da solución.

6. ¿Alguna vez has sentido una inmensa tristeza en el alma y al día siguiente la tristeza ha pasado?... Ese es Dios, que te dio un abrazo de consuelo y te dijo palabras dulces.

7. ¿Alguna vez te has sentido tan cansado de todo, al grado de querer morir y de pronto un día sientes que tienes la suficiente fuerza para continuar?... Ese es Dios, que te cargó en sus brazos para darte descanso.

8. ¿Alguna vez has sentido profunda necesidad de silencio, de soledad y de rezar?... Ese es Dios, te estaba buscando y está contigo.

9. Es tan sencillo como... ponerse en las manos de Dios... Y estar con Dios...

10. En todo lo que hagamos debemos acordarnos de Él, debemos agradecerle todos los días los dones que nos regala y tener siempre fe en que esas bendiciones continuarán multiplicándose.

DECÁLOGO PARA SABER Envejecer

1. Cuidarás tu presentación día a día. Arréglate como si fueras a una fiesta. El peinado, la ropa, todo atractivo, oliendo a limpio y a buen gusto. El buen gusto es gratuito, no cuesta nada. Que al verte se alegren tu espejo y los ojos de los demás.

2. No te encerrarás en tu casa ni en tu habitación. Nada de jugar al enclaustrado o al preso voluntario. Saldrás a la calle y al campo de paseo. El agua estancada se pudre y la máquina inmóvil se enmohece.

3. Amarás el ejercicio físico como a ti mismo. Un rato de gimnasia; una caminata razonable dentro o fuera de la casa, por lo menos abrir la puerta, regar las flores, contestar el teléfono, cualquier movimiento que te despegue de la cama y del sillón. Contra la inercia, diligencia.

4. Evitarás actitudes y gestos de viejo derrumbado, la cabeza gacha, la espalda encorvada, los pies arrastrándose. No. Que la gente diga un piropo cuando pases: "¡Qué derechito el señor!", "¡qué altiva la señora!".

5. No hablarás de tu vejez ni te quejarás de tus achaques. Acabarás por creerte más viejo y enfermo de lo que en realidad estás. Y te harán el vacío. A la gente no le gusta oír historias de hospital. Cuando te pregunten: "¿Cómo estás?", contestarás divinamente.

6. Cultivarás el optimismo sobre todas las cosas. Al mal tiempo, buena cara. Sé positivo en los juicios, de buen humor en las palabras, alegre de rostro, amable en los ademanes. Se tiene la edad que se ejerce. La vejez no es cuestión de años, sino un estado de ánimo. El corazón no envejece, el cuero es el que se arruga.

7. Tratarás de ser útil a ti mismo y a los demás. No eres un parásito ni una rama desgajada del árbol de la vida. Bástate hasta donde sea posible. Y ayuda con una sonrisa, un consejo, un servicio. Al abrirte a los demás, dejarás de estar pensando en un "yo" angustiado y solitario. Sólo cuando se abre la nuez aparece la almendra.

8. Trabajarás con tus manos y tu mente. El trabajo es la terapia infalible. Cualquier actividad laboral, intelectual, artística. Haz algo, lo que sea y lo que puedas. Una ocupación artesanal, un rato de lectura, de televisión, de música. La bendición del trabajo es medicina para todos los males.

9. Mantendrás vivas y cordiales las relaciones humanas -desde luego, las que se anudan en el lugar- integrándote a todos los miembros de la familia. Ahí tienes la oportunidad de convivir con niños, jóvenes y adultos, el perfecto muestrario de la vida. Luego ensancharás tu corazón a los amigos, con tal que los amigos no sean exclusivamente "unos viejos como tú". Huye del bazar de las antigüedades.

10. No pensarás que "todo tiempo pasado fue mejor". Deja de estar condenando tu mundo y maldiciendo tu momento. No digas a cada palabra "las cosas andan mal, allá en mi tiempo…". Positivo siempre, negativo jamás. El anciano debiera ser como la luna, un cuerpo opaco destinado a dar luz.

Mons. Joaquín A. Peñalosa. Adaptación.

Equilibrado

1. Si jamás ladras, aunque te ladren.

2. Si prefieres ser razonable a tener razón.

3. Si comprendes que la paz es un valioso tesoro, que sólo necesita ser buscado.

4. Si no necesitas perderte para encontrarte.

5. Si sabes que la palabra convence y la fuerza sólo doblega.

6. Si en la cumbre y en el llano te manejas de idéntica manera.

7. Si usas tu fuerza sólo para no utilizarla.

8. Si no te sientes derrotado en la derrota, ni triunfador en el triunfo.

9. Si sólo hablas para decir algo.

10. Si entiendes que la ira sólo refuerza la voz, pero no el argumento.

J.Narosky.

DECÁLOGO DE LA Esperanza

1. Responde siempre con optimismo: "Estoy bien".

2. Sonríe ante las preocupaciones.

3. Mantén la calma y la serenidad.

4. Valora lo positivo en vos y en los demás.

5. Levántate con ánimo cada día. Hay muchas razones. Descúbrelas.

6. Confía en la Providencia del Padre: Dios dispone todas las cosas para el bien de los que ama.

7. Reza una oración todos los días y confía.

8. Festeja la vida, celebrándola con tu familia y amigos.

9. Comunica a otros signos de esperanza.

10. Háblale a los demás de María: Madre de nuestra Esperanza.

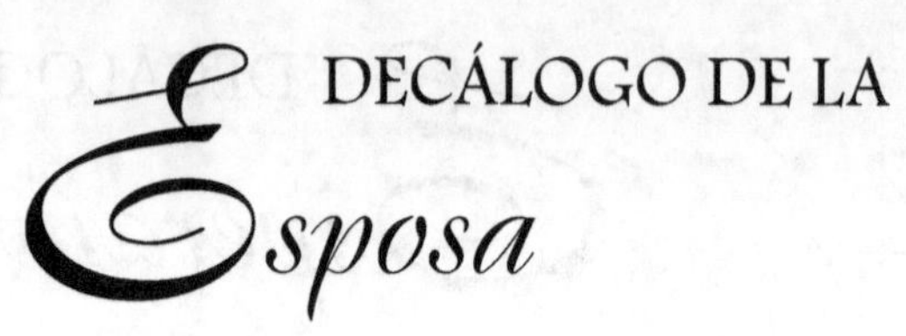 Esposa

1. No olvidaré jamás que yo di el último "SÍ".

2. No permitiré nunca que la madre mate a la esposa.

3. No consentiré relaciones conyugales más que en intimidad matrimonial y con la preparación correspondiente.

4. Me esmeraré para que todos nuestros actos sean demostración del amor conyugal.

5. No usaré el sexo como recompensa ni trueque por nada.

6. En las relaciones conyugales estaré presente en cuerpo y pensamiento (lenguaje del cuerpo y del alma).

7. Nunca cambiaré al esposo por los hijos.

8. Sólo el matrimonio es nuestro; todo lo demás es compartido.

9. Nada ni nadie es tan importante como mi matrimonio.

10. No olvidaré que el amor matrimonial no se agota con los años; al contrario, cada pequeño gesto une al matrimonio.

Catholic.net.

Esposo

1. Yo elegí esta mujer por esposa: la enamoré y logré el "SÍ".

2. Sólo ella me acompañará toda la vida.

3. El matrimonio hecho con ella es lo que elegimos para siempre.

4. Sólo en intimidad matrimonial debo tener relaciones.

5. Toda relación matrimonial debe ser agradable a los dos.

6. Ella, como yo, tiene derecho a iniciar una relación.

7. No toda manifestación de amor debe necesariamente ser relación sexual matrimonial.

8. Respetaré al máximo el pudor de mi esposa.

9. Recordaré siempre que a nuestro matrimonio lo heredarán los hijos.

10. El sexo no es lo que más une al matrimonio.

Catholic.net.

Esposo

1. Amarás a tu esposa con todo tu corazón y con tus fuerzas, con desinterés y sin egoísmo, sin permitir que nada ni nadie enturbie jamás tu amor.

2. Evitarás todo lo que pueda disminuir la personalidad y responsabilidad de tu esposa. El amor hace crecer a la persona amada.

3. Tu permanente ocupación será servir más y mejor a tu esposa, buscando siempre cómo reavivar y profundizar el amor.

4. Tendrás cada día para con tu esposa una "sorpresa" (atención especial, cariño, delicadeza, novedad, etc.) que tienda a mantener viva la llama del amor matrimonial.

5. No matarás el amor. Evitarás toda acción (gesto, palabra, actitud, etc.) que pueda empequeñecer o matar el amor.

6. Amarás tan sinceramente a tu esposa que no te permitirás una infidelidad ni siquiera de pensamiento.

7. Te entregarás a tu pareja total y plenamente, sin reservas ni división espiritual ni corporal.

8. No falsearás nunca el amor: mantendrás siempre abierto tu corazón y en él nunca cabrá la mentira.

9. No permitirás que ningún pensamiento, sen~ timiento o deseo desordenado ensucie jamás la transparencia de tu corazón.

10. Amarás a tu esposa como a ti mismo. Vivirás para siempre por ella y serán ustedes "dos en un solo espíritu y en un solo ser".

Jesús Álvarez Romo.

Estudiante

1. No estudies para la clase sino para la vida: si apruebas sin saber..., te encontrarás sin cimientos. Todas las asignaturas sirven aunque te parezcan inútiles.

2. Sé constante muchas horas de estudio: la gota de agua perfora la roca. Vence la desgana inicial, es el peor momento. Arranca, lo demás es fácil.

3. Descansa lo necesario para poder estudiar con energía: estudia con vida, no amodorrado. Controla tu sueño, tu diversión, tu deporte. Todo como un medio para estar en forma en el estudio.

4. Confía en tus profesores. No tengas en cuenta solamente la voz de sus palabras, sino la fuerza de sus razones: sé educado, cortés, sumiso, pero también busca las razones de las cosas.

5. No dejes materias atrasadas. Ve al día en las lecciones: cuando amontonamos mucha materia, perdemos pronto el interés. Paso a paso, sin detenerse nunca, se llega muy lejos. Estudia con regularidad, no a golpes.

6. Pregunta cuando no entiendas, con el solo fin de aclarar dudas: pregunta no por aparentar ante tus compañeros, sino con sencillez. Creer que se sabe todo es de necios y orgullosos.

7. Arranca de raíz la antipatía con ciertas asignaturas: hay asignaturas que no te entran porque no te gustan. No es buen método de estudio rodear las montañas, hay que subirlas. Las antipatías son destructivas.

8. Amplía tus conocimientos con lecturas complementarias: no seas esclavo del texto. Busca lecturas que lo completen y que te ayuden a ser persona. Busca libros que no pasan de moda.

9. Evita preocupaciones y vicios que absorben: el hombre no puede vivir dividido, cerebro y corazón marchan juntos. Hay almas apagadas, incapaces de esfuerzo.

10. Que tu vida gire en torno al estudio: el estudio no es el valor supremo: eres persona y eres cristiano, pero ciertamente el estudio ocupará un puesto importante en tu vida de estudiante. Dios premiará tu esfuerzo por el cumplimiento del deber.

Marco S. López, revista "Misión Joven".

DECÁLOGO CATÓLICO SOBRE
Ética y ambiente

El Consejo Pontificio para la Justicia y la Paz, bajo la premisa de que "la cuestión ambiental es una manera moderna de plantear la cuestión social", presentó este decálogo que expresa la enseñanza de la doctrina social de la Iglesia sobre el ambiente:

1. La Biblia tiene que dictar los principios morales fundamentales del designio de Dios sobre la relación entre hombre y creación.

2. Es necesario desarrollar una conciencia ecológica de responsabilidad por la creación y por la humanidad.

3. La cuestión del ambiente involucra a todo el planeta, pues es un bien colectivo.

4. Es necesario confirmar la primacía de la ética y de los derechos del hombre sobre la técnica.

5. La naturaleza no debe ser considerada como una realidad en sí misma divina; por tanto, no queda sustraída a la acción humana.

6. Los bienes de la Tierra han sido creados por Dios para el bien de todos. Es necesario subrayar el destino universal de los bienes.

7. Se requiere colaborar en el desarrollo ordenado de las regiones más pobres.

8. La colaboración internacional, el derecho al desarrollo, al ambiente sano y a la paz deben ser considerados en las diferentes legislaciones.

9. Es necesario adoptar nuevos estilos de vida más sobrios.

10. Hay que ofrecer una respuesta espiritual, que no es la de la adoración de la naturaleza.

El Observador.

DECÁLOGO DE LA *Eucaristía*

1. La eucaristía es asamblea, comunidad, congregación, pueblo, iglesia. La eucaristía hace la Iglesia y la Iglesia hace la eucaristía.

2. La eucaristía es perdón, impetrado, ofrecido y recibido. Es reconciliación y es paz.

3. La eucaristía es palabra de Dios. La mesa eucarística es pan de la palabra.

4. La eucaristía es profesión de fe, expresada en la recitación del Credo.

5. La eucaristía es ofrenda.

6. La eucaristía es la cruz y la Pascua. Es su memorial. Es su actualización. Es cenáculo.

7. La eucaristía es oración y compromiso de fraternidad.

8. La eucaristía es comunión. Es comunión con Dios y con los hermanos. Es comunión con la Iglesia.

9. La eucaristía es acción de gracias. Esta acción de gracias se expresa en el mismo nombre y significación etimológica de la palabra "eucaristía".

10. La eucaristía es misión. El "podéis ir en paz" del final de la misa es llamada a la misión y al testimonio. La eucaristía es origen y camino de la evangelización.

Tomado de Ecclesia. Síntesis.

Familiar o amigo del paciente oncológico

1. Acompáñelo, pero no lo agobie.

2. Respételo, pero no le tema.

3. Aliéntelo, pero no le mienta.

4. Compréndalo, pero no lo justifique.

5. Quiéralo, pero no lo compadezca.

6. Conténgalo, pero no lo reprima.

7. Cuídelo, pero no lo vigile.

8. Consiéntalo, pero no lo malcríe.

9. Escúchelo, pero respete su silencio.

10. Ayúdelo, pero sin olvidarse de usted.

Fundación Apostar a la Vida.

1. Acepte la paternidad / maternidad como su responsabilidad.

2. La paternidad / maternidad es una prioridad, esté siempre disponible.

3. Entérese de los problemas que están enfrentando los hijos hoy día. Son diferentes a los que usted enfrentó.

4. Hable claramente con sus hijos sobre lo que usted espera de ellos, sea claro sobre cómo usted espera que se comporten.

5. Hable claramente sobre las consecuencias de incumplir las normas de la familia; las consecuencias no son negociables.

6. Entérese de que en la comunidad a mucha gente le interesa más hacer dinero que el bienestar de los hijos, no espere que la comunidad refuerce los valores de la familia.

7. No todas las familias se guían por las mismas reglas que usted, algunos tienen reglas diferentes, otros no tienen ninguna.

8. Aunque no lo crea, los hijos quieren reglas que los guíen, los hijos que incumplen las reglas de la familia, quebrantan las reglas de la sociedad.

9. Recuerde que los adolescentes necesitan tanta supervisión de los padres como los niños, sólo que es una clase diferente de supervisión.

10. Los hijos nunca son demasiado grandes para darles un abrazo, hágalo aunque sean mayores.

1. Al levantarse dígase a sí mismo: "Buen día", deseando que sea mejor que ayer. Este gesto lo colmará de optimismo todo el día. El optimismo arroja lejos los celos, la envidia, el miedo, la angustia y la tristeza, ellos son los verdaderos enemigos de la felicidad.

2. Agradezca por todo lo que suceda en el día, comenzando por la sonrisa en la llegada de este nuevo amanecer, por el canto de los pájaros, por la inocencia de los niños. Agradecer es propio de personas simples, nobles y felices.

3. Opte por ser bueno. Crea en la sinceridad de los demás. Si es traicionado, deje que las cosas sigan adelante. Un día todo se aclarará porque la verdad siempre triunfa. Usted haga el bien, siempre el bien. Sea constructor de paz y felicidad en su ambiente.

4. Comente sólo el lado bueno de las cosas. Los pensamientos positivos ayudan a la digestión, hacen bien al corazón y facilitan la circulación. Usted será el fruto de su propio pensamiento.

5. No tenga rencor por nadie. El rencor aplasta, es mediocre y no proviene de Dios. Sólo sirve para poner barreras en el interior de las personas e impide la felicidad. Perdone siempre y vivirá feliz.

6. Viva con naturalidad. Sea usted mismo y no se compare con los demás. Lo importante es que hoy viva mejor que ayer.

7. Sea discreto, sincero y no comente con ligereza todas las verdades que sabe. Sobre la discreción y la sinceridad se apoyan la confianza sólida y la profunda amistad.

8. Sea paciente, sincero en las discusiones y en el diálogo.

9. Sepa escuchar y piense bien antes de responder para no herir. Caso contrario, usted lastimará a los otros y se sentirá angustiado e infeliz.

10. No haga a nadie las cosas que no le gustaría que le hagan a usted. Trate de ser para todos algo bueno, que da paz y felicidad. Nuestro mundo tiene hambre de todo lo que hace bien y ayuda a ser mejor.

1. La felicidad es una elección que puedes hacer en cualquier momento y en cualquier lugar.

2. Tus pensamientos son los que te hacen sentir feliz o desgraciado, no tus circunstancias.

3. Sé capaz de cambiarte a ti mismo, y el mundo cambiará contigo.

4. Recuerda que lo único que puedes controlar en el mundo son tus pensamientos y sentimientos.

5. Mira hacia arriba y sólo podrás reír, nadie ha podido llorar en esa postura.

6. La felicidad sólo se puede encontrar en los momentos, no está en los años, en los meses, en las semanas, ni siquiera en los días.

7. Atrévete a soñar, pero atrévete también a lograr que esos sueños se hagan realidad.

8. Mientras tengas resentimientos y odios, es imposible que seas feliz. Lo maravilloso del perdón no es que libera al otro de su eventual culpa, sino que además te libera a ti de un sufrimiento.

9. Uno de los verdaderos secretos para ser feliz es aprender a dar, sin esperar nada a cambio. Sólo el que aprende a dar está en camino de descubrir la verdadera felicidad.

10. El amor que des es la base de la felicidad, y te devolverá con creces lo dado.

DECÁLOGO DEL *General San Martín para su hija Mercedes*

1. Humanizar el carácter y hacerlo sensible aun con los insectos que no perjudican. Stern ha dicho a una mosca abriéndole la ventana para que saliese: "Anda, pobre animal, el mundo es demasiado grande para nosotros dos".

2. Inspirarla en el amor a la verdad y en el odio a la mentira. Inspirarla a una gran confianza y amistad pero uniendo el respeto.

3. Estimular en Mercedes la caridad con los pobres y el respeto sobre la propiedad ajena.

4. Acostumbrarla a guardar un secreto.

5. Inspirar en ella sentimientos de indulgencia hacia todas las religiones.

6. Que tenga dulzura con los criados, pobres y viejos.

7. Que hable poco y lo preciso.

8. Acostumbrarla a estar formal en la mesa.

9. Amor al aseo y desprecio al lujo.

10. Inspirarle amor por la Patria y por la Libertad.

Gobernante

1. Recopila toda la sabiduría que puedas acerca de cómo han gobernado los grandes hombres del pasado y que puedas usar el día de hoy para gobernar tu país.

2. Establece la mejor comunicación con el pueblo, escucha todo lo que puedas escuchar y da a conocer todo lo que debes comunicar; así crearás la unidad nacional.

3. Convierte en política de Estado el proverbio chino que dice: "Si le das un pescado a un hombre, comerá un día; si le enseñas a pescar, comerá toda la vida".

4. Diseña una educación que sea capaz de hacer descubrir las capacidades en cada individuo y que se convierta en generador de conocimientos y de soluciones.

5. Un buen gobernante no es aquel que proporciona comida, techo y trabajo por sí solo, más bien es aquel que sabe generar las condiciones para que cada individuo los pueda crear.

6. Sé todo lo tolerante posible, permite que fluyan las ideas, sólo con el derroche de estas se genera el progreso de los pueblos.

7. Nunca pretendas imponer leyes contrarias a los usos y costumbres de los pueblos; en lugar de eso, investiga y busca la forma de mejorar esos usos y costumbres.

8. Diseña un plan para generar la participación social a través de las principales instituciones de la sociedad a todos los niveles: la familia, la educación, los medios de comunicación, la iglesia, el propio gobierno...

9. En el terreno educativo, pon toda la atención en las obligaciones; si todos cumpliéramos con ellas, nuestros derechos vendrían solos.

10. La autoridad no se gana con el puesto mismo, se gana con el servicio que damos a los ciudadanos. Esfuérzate en servir al máximo número de personas desde tu rol, sólo así ganaras el derecho a la eternidad.

Ernesto Partida Pedroza. Adaptación.

Hacer del hijo un delincuente

1. Comience desde la infancia a darle a su hijo todo lo que él quiera. De ese modo, cuando crezca, él pensará que el mundo tiene obligación de darle lo que desee.

2. Cuando diga malas palabras,ríase. Eso lo ayudará a considerarse importante.

3. Nunca le dé orientación religiosa. Espere a que llegue a los 21 años de edad y que él decida por sí solo.

4. Recoja todo lo que él deja tirado: libros, zapatos, ropa. Haga todas las cosas por él, para que aprenda a cargar sobre los demás su propia responsabilidad.

5. Discuta con frecuencia en su presencia. Así no quedará muy sorprendido cuando el hogar se deshaga más adelante.

6. Entréguele todo el dinero que le pida. No deje que se esfuerce en ganar su propio dinero.

7. Satisfaga todos sus deseos de comidas y caprichos. Siga creyendo que un sano límite y corrección pueden causarle frustraciones perjudiciales.

8. Cuando se porte mal, defiéndalo contra vecinos, profesores, policías, pues todos tienen "broncas" contra su hijo.

9. Cuando él se encuentre en un problema serio, ensaye esta disculpa: "Nunca pude dominarlo".

10. Prepárese para una vida de disgustos. Es lo que usted se merece.

Decálogo para
Hacernos prójimo

1. Acéptate tal como eres.

2. Considera que has recibido, con toda probabilidad, más de lo que necesitas. No envidies a nadie.

3. Acepta a los demás tal como son, empezando por los más cercanos: tu familia, tus amigos, tus compañeros, tus vecinos.

4. Aprende a decir y a sentir lo bueno que hacen los demás y dilo en voz alta, sin resentimientos ni temores.

5. No te compares nunca con los demás, pues eso conduce al orgullo y a la desesperación, que nunca te harán feliz.

6. Vive en la verdad sin temor a decir "sí" a lo que está bien y "no" a lo que está mal.

7. Resuelve los problemas y los conflictos con el diálogo y nunca guardes rencor. El rencor te encierra en la tristeza.

8. Empieza a dialogar con lo que nos une y, sólo después, ocúpate de lo que nos divide. Siempre son más las cosas que nos unen que las que nos separan.

9. Da el primer paso, sin esperar que lo dé el otro, y hazlo antes de que se haga de noche. Que no se ponga el sol sin haber hecho las paces, sin el abrazo de la reconciliación.

10. Ten bien por seguro y por cierto que perdonar y amar es siempre, siempre, más importante que tener razón.

1. Seremos hijos agradecidos de haber nacido en un matrimonio y tener una familia.

2. Nos agrada ver cómo mamá y papá se quieren.

3. Cuando nos casemos, haremos un matrimonio como el de mamá y papá.

4. Mis padres son mi mejor herencia.

5. Papá y mamá discuten, pero al otro día están contentos como siempre.

6. Viendo cómo hicieron mis padres para cuidar de cinco hijos, viviré el don de la esperanza que ellos me comunicaron.

7. No olvidaré la expresión de mis padres cuando les dije de mi novio, dijeron: "Que sea de familia buena".

8. Como mamá, estaré siempre bien puesta y alegre.

9. El ejemplo de papá y mamá que conversan tanto cuando están solos, será nuestra línea de conducta en las diferentes circunstancias.

10. Siempre recordamos festejar los aniversarios de casados de mamá y papá.

DECÁLOGO PARA Hijos

Este decálogo se resume en uno:
ama a tus padres como a ti te gustaría que,
llegado el caso, te amasen tus propios hijos.

1. Ama a tus padres. Ellos te lo dieron todo de la mejor manera que supieron. Más que nada, te dieron amor.

2. Respeta a tus padres. Como tus padres, ellos mismos te eligieron. ¿De qué te puedes quejar?

3. Sé agradecido con tus padres. Les debes la vida, tu don más preciado, y que nunca podrás agradecer bastante.

4. Ayuda a tus padres. Ellos te ayudaron cuando lo necesitabas. A veces con gran sufrimiento, pero siempre con amor y con ilusión. Nunca sabrás de las renuncias y el esfuerzo que supusiste para tus padres.

5. Dialoga con tus padres. Interésate en sus cosas y hazles conocer de las tuyas; aunque tú no lo creas, todo lo que a ti te afecte lo sienten como propio. Particípales de tu felicidad y disimúlales, en lo que puedas, tu desgracia.

6. Cuenta con tus padres. No los dejes al margen de tu vida, nunca podrán estarlo. Tú formas parte de ellos y te aman, aunque no lo creas, de la manera en que saben hacerlo.

7. Imita a tus padres. Lo has venido haciendo, sin darte cuenta, toda tu vida. Pero ahora debes hacerlo conscientemente. Estudia cada una de sus virtudes, los padres tienen miles de cosas buenas y dignas de admiración.

8. Escucha a tus padres. Dales posibilidades de ejercer su papel, sólo desean tu bien y tu felicidad. No les niegues, pues, la oportunidad de seguir siendo padres, a su manera.

9. Disculpa a tus padres. No son perfectos, nunca lo fueron ni pretendieron serlo. Y por eso se equivocaron. Pero siempre se esforzaron por ti. Su actitud, aunque en algo se equivocaran, merece tu disculpa y respeto.

10. Comprende a tus padres. El vínculo que los une trasciende lo terreno para anclarse en el corazón. Merecen tu comprensión, tu gratitud y tu amor. Si lo haces, los harás felices y tú lo serás con ellos.

Adaptación.

DECÁLOGO DE *Hoy para vivir bien*

1. Hoy no heriré a nadie: si alguien es descortés, si alguien es impaciente, si alguien es poco amable... no responderé de la misma manera.

2. Hoy pediré a Dios que bendiga a mi enemigo: si me encuentro con alguien que me trata áspera o injustamente, en silencio pediré a Dios que lo bendiga. Entiendo que el "enemigo" puede ser un miembro de la familia, vecino, compañero de trabajo o un extraño.

3. Hoy tendré cuidado con mis palabras: elegiré cuidadosamente mis palabras y tendré cuidado en no ser chismoso ni rudo.

4. Hoy caminaré un kilómetro extra: buscaré la manera de compartir la carga de otra persona.

5. Hoy perdonaré: perdonaré cualquier ofensa o agravio que venga a mí.

6. Hoy haré realmente algo hermoso para alguien, pero lo haré secretamente: me acercaré y bendeciré anónimamente la vida de otros.

7. Hoy trataré a los demás como me gustaría ser tratado: practicaré la regla de oro: "Haz a otros lo que te gustaría que te hicieran a ti".

8. Hoy levantaré el ánimo de alguien que esté desanimado: mi sonrisa, mis palabras, mi expresión y mi apoyo pueden hacer la diferencia de alguien que esté en un mal momento.

9. Hoy cuidaré mi cuerpo: comeré comida sana. Comeré menos comida basura. Agradeceré a Dios por su obra en mí.

10. Hoy creceré espiritualmente: pasaré más tiempo en oración. Comenzaré leyendo algo espiritual y que me inspire; buscaré un lugar tranquilo y escucharé la voz de Dios.

DECÁLOGO PARA SABER SI ERES *Idealista*

1. Si sientes que cuanto más alto eleves tu mirada, más claridad encontrarás.

2. Si crees en ideales y no en ídolos.

3. Si para ti son sinónimos abrazar causas nobles y abrazar hombres.

4. Si la incomprensión no te debilita y la comprensión te fortalece.

5. Si aceptas ceder pero no cederte.

6. Si aún sabiendo difícil tu camino no elegirías otro.

7. Si comprendes que arrodillarte ante lo puro te eleva.

8. Si te enfrentas a la ideas de otros hombres, nunca a otros hombres.

9. Si intuyes que luchar por el bien ya es haberlo encontrado.

10. Si te sientes libre, pero simultáneamente esclavo de tus principios.

J. Narosky.

DECÁLOGO DE LA SEGURIDAD BÁSICA EN *Internet*

1. No des tu password.

2. No recibas archivos de imágenes, tx, html, etc. por el MSN.

3. No des información personal.

4. Nunca des datos a desconocidos aunque digan que son organismos serios.

5. Ten el sistema operativo y los programas actualizados.

6. Ten la suficiente seguridad en la PC con programas adecuados.

7. Utiliza las herramientas del sistema.

8. Nunca aceptes cosas extrañas por muy confiables que parezcan.

9. Nunca des por sentado que lo que te digan es verdad.

10. Jamás tomes compromisos con desconocidos en la vida real.

DECÁLOGO DEL Inventor

La creatividad es un valor si se entrega como servicio.

1. La creatividad es el poder original y el origen de todo poder.

2. Para los verdaderos inventores, todo es posible, y en especial cuando la mayoría cree estar convencida de lo contrario.

3. No hay nada más contundente que la solución práctica de un problema.

4. Una idea no es un invento, un verdadero invento es aquel que se transforma en una innovación, luego de haber pasado exitosamente por las etapas de la solución técnica, el patentamiento y la comercialización.

5. Para que una idea técnica se convierta en un buen invento, debe ser teóricamente posible, técnicamente viable, legalmente sustentable, y económicamente rentable.

6. Cuando algo parece ser definitivo, ya es hora de pensar en cambiarlo.

7. El mejor aprendizaje son los propios descubrimientos.

8. Si quieres que las cosas salgan tal cual lo deseas, debes hacerlas tú mismo.

9. La motivación más poderosa para el pleno ejercicio de la voluntad creadora es la pasión por la vida.

10. La virtud básica de toda mente creadora consiste en hacer fácil lo difícil y en asociar lo bello con lo útil.

Eduardo R. Fernández.

Juego limpio

1. Anima a todos los deportistas cuando las cosas no les salgan bien, y aplaude el buen juego, independientemente de quien lo haya realizado.

2. Aprende y respeta las reglas del juego y a las personas que se encargan de hacerlas cumplir. Son imprescindibles en el deporte.

3. Respeta las decisiones de tu entrenador aunque no sean de tu agrado, ya que esta es una de sus funciones. En otro momento, te podrá explicar las razones de sus decisiones.

4. El fingir o exagerar lesiones, así como solicitar sanciones para el rival, son prácticas innobles para intentar ganar un partido.

5. Tampoco necesitamos sacar ventaja de situaciones desgraciadas (lesiones), utilizar artimañas antideportivas, ni provocar mediante insultos.

6. Desaprueba las acciones antideportivas realizadas por participantes, entrenadores o incluso del público.

7. No desprecies a tu rival si su nivel es inferior al tuyo, ni celebres exageradamente la victoria en su presencia, ya habrá tiempo para ello. ¡Anímalo en la derrota!

8. Si realizas alguna acción que haya podido ocasionar daño a tu oponente, interésate inmediatamente por su estado y pide disculpas. Igualmente en caso de observar una lesión, paraliza el juego y avisa al árbitro del encuentro.

9. En caso de producirse discusiones en el terreno de juego, intenta conciliar a ambas partes o al menos no intervengas para agudizarlas.

10. Trata a los participantes como quisieras que te trataran a ti.

Leer la Biblia

1. Nunca creer que somos nosotros los primeros que han leído la santa Escritura. Muchos, muchísimos a través de los siglos la han leído, meditado, vivido, transmitido. Los mejores intérpretes de la Biblia son los santos.

2. La Escritura es el libro de la comunidad eclesial. Nuestra lectura, aunque sea a solas, jamás podrá ser en solitario. Para leerla con provecho hay que insertarse en la gran corriente eclesial que conduce y guía el Espíritu Santo.

3. La Biblia es "Alguien". Por eso se lee y se celebra a la vez. La mejor lectura de la Biblia es la que se hace en la liturgia.

4. El centro de la santa Escritura es Cristo; por eso todo debe leerse bajo la mirada de Cristo y cumplido en Cristo. Cristo es la clave interpretativa de la Sagrada Escritura.

5. Nunca olvidar que en la Biblia encontramos hechos y dichos, obras y palabras íntimamente unidas unas con otras; las palabras anuncian e iluminan los hechos, y los hechos realizan y confirman las palabras.

6. Una manera práctica y provechosa de leer la Escritura es comenzar con los santos Evangelios, seguir con los Hechos y las Cartas e ir entreverando con algún libro del Antiguo Testamento: Génesis, Éxodo, Jueces, Samuel, etc. No querer leer el libro del Levítico de corrido, por ejemplo. Los Salmos deben ser el libro de oración de los grupos bíblicos. Los Profetas son el "alma" del Antiguo Testamento: hay que dedicarles un estudio especial.

7. La Biblia se conquista como la ciudad de Jericó: dándole vueltas. Por eso es bueno leer los lugares paralelos. Es un método entretenido pero muy provechoso. Un texto eclesial esclarece otro, según aquello de san Agustín: "El Antiguo Testamento queda patente en el Nuevo, y el Nuevo está ya latente en el Antiguo".

8. La Biblia debe leerse y meditarse con el mismo espíritu con que fue escrita. El Espíritu Santo es su autor principal, y es su principal intérprete. Hay que invocarlo siempre antes de comenzar a leerla, y al final dar gracias.

9. Nunca debe utilizarse la santa Biblia para criticar y condenar a los demás.

10. Todo texto bíblico tiene un contexto histórico donde se originó y un contexto literario donde se escribió. Un texto bíblico fuera de su contexto

histórico y literario es un pretexto para manipular
la palabra de Dios. Esto es tomar el nombre de Dios
en vano.

Mario de Gasperín, obispo de Querétaro. El Observador.

1. Mente sana, cuerpo sano.

2. Inteligencia práctica.

3. Ser original y creativo y saber a dónde vamos.

4. Criterio propio y autonomía.

5. Estabilidad emocional.

6. Personalidad sana, entusiasta, que no culpabilice.

7. Armonizar fuerza y dulzura.

8. Buen carácter, sentido del humor.

9. Capacidad intelectual y fina sensibilidad.

10. Buena disposición para vivir los propios errores y los de los demás; tolerancia.

DECÁLOGO DEL *Maestro*

1. Ama... Si no puedes amar mucho, no enseñes a niños.

2. Simplifica... Saber es simplificar sin restar esencia.

3. Insiste... Repite como la naturaleza repite las especies, hasta alcanzar la perfección.

4. Enseña... Con intención de hermosura, porque la hermosura es madre.

5. Maestro... Sé fervoroso. Para encender lámparas has de llevar fuego en el corazón.

6. Vivifica... tu clase. Cada lección ha de ser viva como un ser.

7. Cultívate... Para dar, hay que tener mucho.

8. Acuérdate... de que tu oficio no es mercancía sino que es servicio divino.

9. Antes... de dictar tu lección cotidiana, mira a tu corazón y ve si está puro.

10. Piensa... en que Dios te ha puesto a crear el mundo del mañana.

Gabriela Mistral.

Maternidad saludable

1. Información veraz y suficiente para la mujer y su pareja para que puedan concebir los hijos que deseen, en las mejores condiciones.

2. La edad más propicia para ser madre no debe ser menor a 18 años ni mayor de 35 años.

3. El conocimiento de información precisa y oportuna que alerte sobre los riesgos que puede tener un embarazo.

4. La participación libre de la mujer en la planeación del embarazo y de las decisiones que afectan su cuerpo, su salud y su futuro.

5. Información y orientación de la mujer y su pareja para el ejercicio de una sexualidad gratificante durante la gestación.

6. Educación que favorezca el auto cuidado de la mujer, el conocimiento de su cuerpo en beneficio de su autoestima y preparación para lactar.

7. Asumir hábitos saludables: una dieta suficiente y equilibrada que favorezca las necesidades de la madre y del menor en formación.

8. Mantener un entorno saludable en el medio familiar y en el trabajo, que respete las necesidades biológicas de la gestante y su privacidad libre de humo de cigarrillo y sustancias tóxicas.

9. La gestante debe recibir del profesional de la salud una atención humanizada, con un trato digno y respetuoso, teniendo en cuenta sus temores, necesidades y su derecho a la intimidad.

10. La familia, las organizaciones de la sociedad civil y las del Estado, deben promover la maternidad saludable como un derecho humano.

Magda Palacio Hurtado M. D. Adaptación.

Matrimonio

1. Yo soy tu máximo logro.

2. No tendrás nada más que te pertenezca en exclusiva.

3. Acuérdate de festejar las fiestas: compromiso, casamiento, bodas de plata, de oro, etc.

4. No comentarás de tu matrimonio más que con tu esposa/o y sólo en intimidad matrimonial.

5. Honrarás a tu esposa, honrarás a tu esposo.

6. El matrimonio es para siempre.

7. No hablarás mal de tu matrimonio delante de tus hijos ni de nadie.

8. No te humillarás.

9. Compartirás todos los beneficios y dificultades.

10. Heredarás tu matrimonio a tus hijos.

Catholic.net.

Decálogo para un *Matrimonio feliz*

1. Nunca se irriten los dos al mismo tiempo. Implica mucha sabiduría y prudencia la fortaleza y el dominio para controlar la ira que sentimos cuando estamos discutiendo.

2. Nunca se griten. Moderación, educación y respeto ante todo, el grito es en sí mismo una agresión, independiente de lo que se diga.

3. Si alguien tiene que vencer en una discusión, deja que sea el otro. La aparente derrota es, en realidad, una gran victoria sobre nosotros mismos. El problema con una discusión es que muchas veces se busca más ganarle a la pareja, que encontrar caminos y soluciones a los problemas.

4. Si hay que criticar algún defecto o actitud, hazlo con amor. Si por sí mismo resulta doloroso aceptar los propios defectos, más costoso es que nos los tengan que decir. Por eso debemos ser sumamente finos, delicados y compresivos para criticar o decir algo negativo al otro.

5. Jamás le eches en cara los errores del pasado. Comprensión y amor con las debilidades del otro, igual como queremos que sean con nosotros, es la consigna.

6. No admitas la negligencia (descuido, apatía). En el amor debe existir una sana exigencia. Siempre tenemos que buscar lo mejor para la persona que amamos, aunque a veces sea necesario exigirle.

7. Nunca te acuestes con algún problema sin resolver. Humildad para hablar, para aceptar lo que de culpa nos corresponde en cada desacuerdo. Olvidar los resentimientos y rencores, confiar en la pareja y prepararse para el perdón.

8. Recuerda decirle, por lo menos una vez en el día, algo cariñoso a tu cónyuge. Cuidar los detalles, los mismos que a veces se pierden con los años. Si ellos faltan, el matrimonio comienza a vivir según las circunstancias y no por el amor.

9. Cuando te equivoques, admítelo y pide disculpas. Para muchos el pedir disculpas equivale a una humillación, pero NO: es grande el que reconoce que es un ser humano con debilidades y defectos y que lucha cada día por superarse.

10. Ten calma en las discusiones. Por lógica, quién está más calmado ve las cosas con mayor claridad y podrá ceder con más tranquilidad y paz interior. Dos no pelean si uno no quiere y el que está equivocado es el que más habla o grita.

Médico DECÁLOGO DEL

1. Hacer que la atención de mis pacientes sea mi principal preocupación, tratando a cada uno de ellos con gentileza y consideración.

2. Respetar la dignidad y privacidad de mis pacientes, escuchando sus puntos de vista.

3. Entregar a mis pacientes información oportuna, clara y precisa, de manera que ellos puedan entender y decidir.

4. Respetar el derecho de mis pacientes a participar de las decisiones que tengan relación con su salud.

5. Considerar a cada uno de mis pacientes como seres únicos, integrales, sin hacer diferencias o discriminaciones por consideraciones económicas, raciales, políticas o religiosas.

6. Asegurarme que mis creencias personales no perjudiquen la atención de mis pacientes.

7. Ser honesto y confiable, respetando y protegiendo la información confidencial de mis pacientes y colegas.

8. Mantener mis conocimientos y mi práctica al día, reconociendo los límites de mi competencia profesional.

9. Actuar rápida y diligentemente para proteger a mis pacientes de riesgos.

10. No abusar de mi posición como médico; y trabajar con el máximo respeto y unidad con mis colegas de manera de servir mejor a los intereses de mis pacientes y estar siempre preparado para justificar mis acciones ante ellos y ante la sociedad.

Nietos

1. Respeta a tus abuelos/as. Son los padres de tu padre o de tu madre. Saben lo que hay que saber sobre cómo ser padres y tienen una edad que los hace sabios.

2. Dialoga con tus abuelos/as. Ellos ya son libres de la responsabilidad de educar y tienen una escala de valores más relajada y práctica que cuando sólo eran padres.

3. Quiere a tus abuelo/as. Ellos te quieren casi más que a los propios hijos. Aprovéchate, pues, de su amor y sé feliz con ellos, que no te negarán nada que no sea bueno para ti.

4. Comprende a tus abuelos/as. Son de otra generación, de otra época. Y, a veces, le resulta difícil situarse imparcialmente en la tuya. Pero, por encima de todo, estará siempre su amor por ti.

5. Pide a tus abuelo/as que te relaten su vida, la de tus padres, y la de tus familiares, escucha lo que te cuentan: historias, lugares, viajes, costumbres, anécdotas… Todo lo que te digan irá construyendo el tesoro inestimable de tu propia identidad.

6. Ayuda a tus abuelos/as. Puede que la vida se le haga difícil en algún sentido… Necesitan ayuda, asistencia, amor, sobre todo amor. Ellos/as ya dieron todo el que tenían. Ahora es tu turno.

7. No abandones a tus abuelos/as. Ellos necesitan saber de ti, pues tu vida es una prolongación de la suya. Piensa que, si no fuera por ellos, tú no existirías. Devuélveles esa vida no olvidándolos ni abandonándolos.

8. Aprende de tus abuelos/as. Puede que todo lo suyo no sea perfecto, pero la paciencia, el discernimiento, la prudencia, la previsión y la reflexión son tesoros que están a tu disposición a través de tus abuelos/as.

9. Defiende a tus abuelos/as. Debido a su edad y a su estado, a veces disminuido, puede que se los menosprecie. Tú puedes conseguir que los últimos días de tus abuelos/as sean los más felices posibles.

10. Conserva, con amor y respeto, la memoria de tus abuelos. Cuando, tus abuelos/as abandonen este mundo no los olvides; mantener las raíces da seguridad.

Niño

1. Déjame hacer las cosas por mí mismo; si pretendes hacerlo todo por mí, impedirás que yo aprenda y nunca podré hacerlo solo.

2. No cuentes mentiras frente a mí, ni me pidas que yo las cuente para avalar tu conducta; no me dejes perder la imagen que tengo de ti y la mía también.

3. Cuando te hayas equivocado, admítelo, no por ello cambiará mi opinión acerca de ti; esto hará más fácil para mi aceptarlo cuando yo también me haya equivocado.

4. Trátame como tratas a tus amigos, de esa manera serás mi amigo y yo seré tu amigo también.

5. Nunca me grites, ello me obliga a gritar también. Yo no quiero ser un gritón.

6. Recuerda que soy un niño, no me entregues responsabilidades de adultos.

7. Disfruta de verme saltar, correr, y ensuciarme cuando juego, aunque eso implique cierto riesgo, porque me va a ayudar a crecer y desarrollarme.

8. Explícame cuando haga algo mal, quiero poder entender mis errores, y si es algo que voy a entender de grande, cuéntamelo igual para poder cimentarlo en mi voluntad y conciencia.

9. Escúchame aunque soy chico, porque tengo muchas cosas para decirte.

10. Ámame como siempre y cuídame mucho, pero anímate a dejarme crecer aprendiendo de mis errores, aunque el proceso duela.

Adaptación.

DECÁLOGO DEL *Niño misionero*

1. Un niño misionero mira a todos los hombres con ojos de hermano.

2. Un niño misionero conoce a Jesús, ama como Jesús, no se avergüenza de hablar de Jesús.

3. Un niño misionero reza todos los días a su Padre Dios por sus hermanos, los niños de todo el mundo, y quiere que conozcan a su Madre, la Virgen.

4. Un niño misionero siempre dice ¡gracias!

5. Un niño misionero goza de poder dar, y de que los otros también puedan gozar al darle a él.

6. Un niño misionero está alegre en el servicio.

7. Un niño misionero sabe que su persona es más necesaria que su dinero.

8. Un niño misionero es generoso aunque le cueste.

9. Un niño misionero busca soluciones y las encuentra.

10. Un niño misionero siempre piensa en "nosotros".

De Infancia Misionera.

No violencia

1. Reconocer lo sagrado que hay en cada persona, comenzando por nosotros mismos.

2. Recordar que los hechos de las personas no violentas ayudan a liberar al Divino en el rival.

3. Aceptarnos como somos, con nuestras riquezas y límites, seguros de que también Dios nos acepta como somos. Evitar los excesos de orgullo, la manía de grandeza y las falsas esperanzas.

4. Comprender y aceptar que la "nueva creación", la construcción de la "comunidad amada", no se hace a solas y requiere paciencia y capacidad de perdonar.

5. Considerarse parte de la creación y establecer con ella una relación de amor, no de dominio, recordando que la destrucción del planeta es también un problema espiritual no sólo científico o tecnológico. Considerarse "unidad".

6. Estar dispuesto a sufrir con alegría si creemos que esto sirve para liberar la parte de "divino" que hay en los demás.

7. Ser capaces de gozar cada vez que la presencia de Dios es aceptada y hacer que esta presencia sea reconocible a los demás.

8. Tomarse tiempo, ser pacientes, sembrar el amor y el perdón en el propio corazón y alrededor de sí mismo, creciendo gradualmente en el amor y en la capacidad de perdonar.

9. Reconocer que los propios resentimientos y el odio que se nutre por los demás deriva de la dificultad de reconocer que la misma realidad vive en nosotros mismos. Renunciar a ser violentos con las palabras y con los gestos.

10. Renunciar al dualismo nosotros ~ ellos, que divide en buenos y malos. Esto genera racismo y abre caminos a la guerra. Enfrentar el miedo con amor más que con valor.

Novia

1. Tendré siempre presente que yo soy la novia, futura esposa.

2. No olvidaré todo lo prometido en este período.

3. Recordaré siempre los momentos vividos y el comienzo de nuestro noviazgo.

4. No me humillaré ni perderé mi autoestima.

5. Viviré este período con madurez.

6. No consentiré un largo noviazgo con futuro incierto.

7. Tendré siempre presente que mi novio es mi mejor elección.

8. Tendré presente que llevaré mi noviazgo a la felicidad matrimonial.

9. Respetaré a mi novio, como novia responsable y madura.

10. No me olvidaré que yo acepté ser la novia y la futura esposa.

Catholic.net. Adaptación.

DECÁLOGO DEL Noviazgo

1. Es el período más romántico de nuestra relación (que el matrimonio no debe acabar).

2. No tendremos otro período igual, debemos vivirlo con intensidad.

3. El comportamiento, la conducta y responsabilidad del noviazgo, nos hacen merecer el matrimonio.

4. Planifiquemos todo lo necesario para el matrimonio y escuchemos los consejos de los padres.

5. El noviazgo es un período importantísimo: en él decidiremos si formalizamos o no nuestro matrimonio.

6. Viviremos este período con inteligencia: la visitas a los hogares de los futuros suegros nos dará una aproximación de cómo será el nuestro.

7. Debemos tener las condiciones necesarias para la unión matrimonial: edad, educación, cultura, valores… para poder ser esposos felices. Todo lo negativo de este tiempo se prolonga al matrimonio.

8. No es lo mismo el noviazgo que el matrimonio; ahora somos novios y en el matrimonio esposos.

9. Me prolongo al matrimonio en la intimidad
matrimonial.

10. La humillación, la poca autoestima, la falta
de pudor, los valores no vividos en el noviazgo, se
llevan al matrimonio como antivalores.

Catholic.net. Adaptación.

DECÁLOGO DEL *Novio*

1. Yo soy el novio, futuro esposo.

2. No olvidaré todo lo prometido en este período.

3. No le haré perder a mi novia preciosos años jóvenes en largo noviazgo.

4. Recordaré siempre los momentos vividos y el día de comienzo de nuestro noviazgo.

5. No la humillaré.

6. Viviré este período con responsabilidad y proyección al matrimonio.

7. No es lo mismo novio que esposo, pero es el comienzo.

8. Recordaré siempre que mi novia es mi mejor elección.

9. Respetaré el pudor de mi novia, como verdadero hombre y su futuro esposo.

10. No olvidaré que la enamoré y le pedí ser mi novia y futura esposa.

Catholic.net. Adaptación.

DECÁLOGO DE LOS *Optimistas*

1. Se aman, procuran un alto nivel de autoestima, se valoran y aprovechan lo mejor posible sus talentos personales innatos.

2. Aceptan a los demás como son, no malgastan energías queriendo cambiarlos; sólo influyen en ellos con paciencia y tolerancia.

3. Son espirituales, cultivan una excelente relación con Dios y tienen en su fe una viva fuente de luz y esperanza.

4. Disfrutan del aquí y el ahora; no viajan al pasado con el sentimiento de culpa ni el rencor, ni al futuro con angustia.

5. Ven oportunidades en las dificultades, cuentan con la lección que nos ofrecen los errores y tienen habilidad para aprender de los fracasos.

6. Son entusiastas, dan la vida por sus sueños y están convencidos de que la confianza y el compromiso personal obran milagros.

7. Son íntegros y de principios sólidos, por eso disfrutan de paz interior y la irradian y comparten, aun en medio de problemas y crisis.

8. No se desgastan en la crítica destructiva y ven la envidia como un veneno. No son espectadores de las crisis sino protagonistas del cambio.

9. Cuidan sus relaciones interpersonales con esmero, saben trabajar en equipo y son animosos sembradores de fe, esperanza y alegría.

10. También tienen épocas difíciles, pero no se rinden ni se dejan aplastar por su peso, ya que saben que aún la noche más oscura tiene un claro amanecer y que por encima de las nubes más densas sigue brillando el sol; que todo el túnel, por más largo y oscuro que sea, siempre tendrá otra salida.

Gonzalo Gallo G.

DECÁLOGO DE LA *Oración constante*

Vivir en constante oración es una necesidad:

1. Porque no sólo me alimento de comida para el cuerpo, la oración es el alimento del alma.

2. Porque la oración llena los huecos y vacíos que hay en mi interior.

3. Porque a través de la oración me acerco más a Dios y a mí mismo y puedo conversar con Él.

4. Porque la oración acrecienta el amor y el perdón hacia mis semejantes; cuando rezo, no sólo por mí sino también por ellos, me motiva a ser mejor persona y a hacer el bien.

5. Porque la oración es el ejercicio del espíritu, el cual fortalece el "músculo" de la sabiduría y a la vez me hace espiritualmente fuerte.

6. Porque la oración acrecienta la belleza de mi alma con la belleza de Dios.

7. Porque la oración da sentido a mi vida, orar justifica en mí la razón de que hay un Dios.

8. Porque al rezar desaparece en mí todo sentimiento negativo que me embarga, ya sea ira, miedo o tristeza.

9. Porque la oración aliviana las cargas de mi vida; orando, siento que este mundo no es ya un valle de lágrimas, sino un paso más hacia el encuentro definitivo con Dios.

10. Porque orar me da esperanza de un mañana mejor, disipa las nubes de mi vida y enciende la mecha de la luz a un futuro mejor.

DECÁLOGO DE LA *Oración en casa*

1. Hazte con una llave maestra para entrar en oración en tu cuarto, en tu rincón favorito, pero también en el autobús, en el centro comercial, en tu trabajo, en la carnicería…

2. Acude a la oración como si se tratara de una cita de vital importancia, recuerda tu primera cita de amor o la entrevista para tu primer trabajo.

3. Es importante que hables a Dios acerca de tus errores, de tus infidelidades…, pero mucho, mucho más importante es que te des cuenta de que "tus pecados no llegan ni al tobillo a la misericordia de Dios".

4. Cuando desees orar más y te lo impide la conversación con una persona, no desesperes ni lo dejes para otra ocasión, escucha a Jesús en las palabras de tu hermano.

5. Si en algún momento de la oración sientes ganas de reír… ríe; si sientes ganas de llorar… llora; cuando el hombre deja que Dios entre en su corazón, Él obra de múltiples formas.

6. No uses fórmulas estrambóticas para dirigirte a Dios. Él te entiende, las palabras que tú vas a usar las ha puesto Dios en tus labios.

7. A veces al rezar no sentirás nada, pensarás que Dios está mudo. No te preocupes, Dios no te ha abandonado, únicamente ha cambiado de estrategia y te está acariciando amorosamente… siente sus caricias.

8. Cuando los ruidos te impidan orar, piensa en el Dios de las multitudes, en el Dios de los amigos, de las reuniones festivas… Recrea en tu corazón un texto evangélico en el que Jesús se relacione con la gente.

9. No sólo pidas a Dios por ti, por tu familia, por los más pobres, por…, por… Dios también necesita tu ayuda. Dile en qué le puedes ayudar y dale una mano.

10. No salgas de la oración de capa caída por no haber solucionado todo lo que pensabas hacer. Siéntete radiante pues tú lo has dejado todo en manos de Dios. Confía en que Él te dará fuerzas y obrará en ti.

José María Escudero.

Oyente de un concierto

1. Comprueben dos veces si apagaron el teléfono móvil: en el concierto, el compositor no lo lleva y por tanto no llamará.

2. Si desconectan la alarma del reloj verán cómo escuchando el concierto el tiempo no existe.

3. Si se sientan con tiempo en su lugar no dejen la cartera y así no añadirán ninguna nota estridente al concierto.

4. Si son propensos a la tos, sepan que seguro el compositor era un gran amante de los caramelos de menta pero, eso sí, los desenvolvía antes del concierto.

5. Si están muy constipados, quédense en la cama y no se preocupen: la radio les llevará este concierto a casa dentro de muy poco.

6. Si hace demasiado calor y su abanico hace ruiditos, resígnense: la próxima obra seguro que será de lo más refrescante.

7. Si sienten la tentación de dormirse, no sufran: cierren los ojos y seguro que su vecino de localidad pensará que están sublimando el más puro éxtasis. Eso sí, procuren no roncar.

8. Si siguen el programa con algún folleto, pasen con cuidado las páginas, seguro de que en aquel preciso momento el intérprete los estará mirando casualmente a ustedes.

9. Si se dan cuenta de que el próximo número es el último, no cierren el programa todavía, con riesgo de hacer ruidos: seguro que habrá algún bis.

10. Y, por último, si abren totalmente su espíritu y se dejan invadir por la música, no serán capaces de pronunciar ninguna palabra hasta que acabe el concierto. Entonces, el mejor comentario es gritar ¡bravo! mientras aplauden muy fuerte.

Adaptación.

DECÁLOGO DEL *Paciente oncológico*

La vida es el primer don de Dios,
valorarla en cada momento es un desafío.

1. Conocer el diagnóstico para saber contra qué luchar.

2. Mejorando la calidad de vida se mejora la salud.

3. Aprender a quererse, mejorar la autoestima, recuperar la dignidad.

4. Poder decir NO cuando es necesario.

5. Ser protagonista saliendo de la pasividad y de la posición de víctima.

6. Descubrir la fuerza que cada uno tiene en su interior.

7. Vivir el ahora intensamente.

8. Romper con los mitos de contagio de la enfermedad.

9. Estar en el interior del barco que navega hacia la Vida.

10. Saber que ayudando a los demás se ayuda uno mismo.

Fundación Apostar a la Vida.

DECÁLOGO PARA Padres

*Ama a tus hijos como te gustaría que tus hijos
te amasen a ti, ama sin esperar nada a cambio.*

1. Ama a tu hijo. Ha nacido de ti porque te necesita, naciendo ha puesto su vida en tus manos.

2. Respeta a tu hijo. Tiene el mismo derecho que tú al respeto y con tu respeto le enseñas el respeto a los demás.

3. Comprende a tu hijo. Ponte en su sitio, a su nivel, y trata de ver las cosas como él las ve. Pero no pretendas nunca que las vea como tú, él es distinto.

4. Disfruta de tu hijo. Participa de sus juegos, de sus ilusiones, de sus sueños... Él se sentirá fuerte y desarrollará las alas de la ilusión y la fantasía que conducen a la felicidad.

5. Alaba a tu hijo. Mira siempre su lado bueno. Aprovecha cualquier ocasión para que oiga tus alabanzas y note que estás orgulloso de él, siempre hay mil motivos para estar orgulloso de un hijo.

6. Sé consecuente con tu hijo. Si le aconsejas algo, que vea que tú lo haces. De otro modo sembrarás en él la confusión y la falta de confianza en ti y en los demás.

7. Sé responsable con tu hijo. Sin que lo sepas, tú eres el espejo en el que él se mira y tratará de imitarte. No hagas que fracase en el futuro cuando imite tus fallos de hoy.

8. No agobies a tu hijo. No le pidas más de lo que puede dar, en ningún sentido. Él tiene derecho a desarrollar "su" vida, cosa que tú ya hiciste.

9. Dialoga con tu hijo. Confía en él y haz que él confíe en ti. Eres, en todo el mundo, la persona en la que más debe confiar, y de la que más tiene derecho a esperar.

10. Nunca le digas ni le enseñes a tu hijo que la vida es fea o el mundo es hostil. Porque la vida es maravillosa y vale la pena vivirla, y el mundo está lleno de amor, de felicidad, de cosas bellas y de oportunidades.

Adaptación.

DECÁLOGO DEL VOLUNTARIO EN *Pastoral de la salud*

1. Imita a Jesucristo y encuentra en Él la motivación fundamental para dedicar parte de su vida, gratuitamente, a trabajar como voluntario en el mundo de la salud y de la enfermedad.

2. Se forma permanente e integralmente, para realizar la tarea que se le encomiende con "profesionalidad" en la Pastoral de la Salud.

3. Trabaja en equipo y se esfuerza para que el equipo se convierta en una pequeña comunidad cristiana.

4. Estudia la realidad del mundo de la salud y de la enfermedad, la juzga a la luz de la palabra de Dios y actúa en consecuencia.

5. Asume como tareas importantes: la prevención de la enfermedad, la promoción de la salud, la lucha contra las estructuras injustas y el anuncio del Evangelio de la misericordia.

6. Tiene conciencia de que es enviado por la Iglesia y que su misión es la evangelización del mundo de la salud y de la enfermedad.

7. Atiende integralmente al enfermo y a sus familiares: en sus necesidades físicas, sociales y espirituales o religiosas.

8. Hace opción preferencial por los enfermos más desasistidos y marginados.

9. Trabaja por la coordinación de toda la acción caritativo-social de la Iglesia.

10. Colabora con los grupos que intentan humanizar la Sanidad y luchan por un mundo más sano, sin perder su identidad eclesial de Pastoral de la Salud.

Basilio Pérez De Mendiguren. Adaptación.

DECÁLOGO PARA LA Pastoral familiar

1. Dios, que es familia, quiere a la familia como una de las realidades fundamentales de la humanidad.

2. La familia se constituye para los cristianos sobre el matrimonio, que es sacramento de Jesucristo e imagen de su amor y unión con la Iglesia.

3. El matrimonio cristiano, base de la familia, es uno e indisoluble y sólo se debe contraer entre un hombre y una mujer por amor, con libertad y consentimiento.

4. El matrimonio y la familia cristianos deben estar abiertos a la vida desde el primer instante de su concepción hasta su ocaso natural. La vida es siempre don y rostro de Dios, el autor de la vida.

5. La familia debe buscar tanto el bien de los cónyuges como el bien de los hijos.

6. La familia es el amor y el respeto de los valores cristianos, es el sagrario del encuentro, del diálogo, de la comprensión, de la tolerancia, de la escucha, de la comunión, del perdón, de la reconciliación y de la paz.

7. La familia es la escuela de virtudes y valores humanos, sociales y cristianos.

8. La familia es el primer templo, el mejor santuario, el mayor semillero vocacional.

9. La familia, origen y destino del ser humano, así querido por Dios, debe estar protegida en todos los ámbitos por la sociedad y por sus autoridades.

10. La familia es lo mejor que tenemos, porque es amor y nada hay mejor que el amor.

Jesús de las Heras. Adaptación.

1. Nos comprometemos a proclamar nuestra firme convicción de que la violencia y el terrorismo se oponen al verdadero espíritu religioso y, condenando todo recurso a la violencia y a la guerra en nombre de Dios o de la religión, nos comprometemos a hacer todo lo posible para erradicar las causas del terrorismo.

2. Nos comprometemos a educar a las personas en el respeto y la estima mutuos, a fin de que se pueda llegar a una coexistencia pacífica y solidaria entre los miembros de etnias, de culturas y de religiones diversas.

3. Nos comprometemos a promover la cultura del diálogo a fin de que se desarrollen la comprensión y la confianza recíprocas entre los individuos y entre los pueblos, porque esas son las condiciones de una paz auténtica.

4. Nos comprometemos a defender el derecho de toda persona humana a llevar una vida digna, conforme a su identidad cultural, y a fundar libremente una propia familia.

5. Nos comprometemos a dialogar con sinceridad y paciencia, sin considerar lo que nos separa como una muralla insuperable, sino al contrario, reconociendo que el confrontarse con la diversidad de los demás puede convertirse en una ocasión de mayor comprensión recíproca.

6. Nos comprometemos a perdonarnos mutuamente los errores y los prejuicios del pasado y del presente, y a sostenernos unos a otros en el esfuerzo común para vencer el egoísmo y los abusos, el odio y la violencia, y para aprender del pasado que la paz sin justicia no es una paz verdadera.

7. Nos comprometemos a estar al lado de los que sufren miseria y abandono, haciéndonos voz de los que no tienen voz y actuando concretamente para superar esas situaciones, convencidos de que nadie puede ser feliz solo.

8. Nos comprometemos a hacer nuestro el grito de los que no se resignan a la violencia y al mal, y deseamos contribuir con todas nuestras fuerzas a dar a la humanidad de nuestro tiempo una esperanza real de justicia y de paz.

9. Nos comprometemos a alentar toda iniciativa que promueva la amistad entre los pueblos, convencidos de que si falta un entendimiento sólido entre ellos, el progreso tecnológico expone al mundo a peligros crecientes de destrucción y muerte.

10. Nos comprometemos a pedir a los responsables de las Naciones que hagan todos los esfuerzos posibles para que, a nivel nacional e internacional, se edifique y se consolide un mundo de solidaridad y de paz fundado en la justicia.

Decálogo enviado por su santidad Juan Pablo II a todos los jefes de Estado, que fue firmado al final de la Jornada de Oración por la Paz en el Mundo, celebrada en Asís el 24 de enero de 2002, el cual expresa las propuestas de paz basadas en los valores universales objetivos.

DECÁLOGO DEL *Periodista*

1. Da gracias al ángel que clavó en tu frente el lucero de la verdad y lo bruñe a todas horas.

2. Cada día alumbrarás tu mensaje con dolor, porque la verdad es un ascua que se arranca del cielo y quema las entrañas para iluminar, pero tú cuida de llevarla dulcemente hasta el corazón de tus hermanos.

3. Cuando escribas lo has de hacer: de rodillas para amar; sentado para analizar; erguido y poderoso para combatir y sembrar.

4. Abre tus ojos a lo que veas y deja que se te llenen de sabia y frescura las manos, para que los otros puedan tocar ese milagro de la vida palpitante cuando te lean.

5. El buen peregrino de la palabra pagará con moneda de franqueza la puerta que se le abre en la hostería del corazón.

6. Trabaja el pan de la limpia información, con la sal del estilo y la levadura de lo eterno, y sírvela en trozos de interés, pero no le usurpes al hombre el gozo de saborear, juzgar y asimilar.

7. Pídele a Dios que te convierta en roble: duro e impenetrable al hacha de la adulación y del soborno, y que ponga en tu frente las ramas de la verdad a la hora de la cosecha.

8. Si tu silencio se llama fracaso porque la luz falta a la cita, acepta y calla. Pobre del ídolo que tiene los pies del barro de la mentira. Pero ojo con la vanagloria del mártir cuando las palabras no suenan por cobardía.

9. Siégate la mano que va a mancillar, porque las salpicaduras en los cerebros, son como heridas que nunca se curan.

10. Recuerda que no has nacido para prensa de colores, ni confitería, ni platos fuertes: sirve mejor el buen bocado de la vida limpia y esperanzadora.

Manuel Lozano Garrido. Adaptación.

Relaciones interpersonales

1. Antes de decirle algo a alguien, pregúntate a ti mismo tres cosas: ¿es verdad, es algo amable, es algo necesario?

2. Haz promesas que puedas cumplir y guárdalas fielmente.

3. Nunca pierdas la oportunidad de felicitar o alentar a alguien.

4. Niégate a hablar negativamente de los demás; no digas chismes y no escuches chismes.

5. Perdona a las personas… Piensa que la mayoría de la gente está haciendo las cosas lo mejor que puede.

6. Mantén una mente abierta; discute pero no pelees, es posible no estar de acuerdo con alguien sin ser desagradable.

7. Olvida contar hasta 10. Cuenta hasta 1.000 antes de hacer o decir algo que empeore las cosas.

8. Deja que tus virtudes hablen por sí mismas, deja que se manifiesten siempre.

9. Si alguien te critica, ve si hay algo de cierto en esa crítica y si es así haz los cambios necesarios. Si no hay nada de verdad en ello, ignóralo y vive como si nadie hubiera hecho aquel comentario.

10. Cultiva tu sentido del humor; la sonrisa es la distancia más corta entre dos personas.

Abogado, patrono de la Abogacía (1253-1303).

1. El abogado debe pedir ayuda a Dios en sus trabajos, pues Dios es el primer protector de la Justicia.

2. Ningún abogado aceptará la defensa de casos injustos, porque son perniciosos a la conciencia y al decoro profesional.

3. El abogado no debe cargar al cliente con gastos excesivos.

4. Ningún abogado debe utilizar, en el patrocinio de los casos que le sean confiados, medios ilícitos o injustos.

5. Debe tratar el caso de cada cliente como si fuese el suyo propio.

6. No debe evitar trabajo ni tiempo para obtener la victoria del caso que tenga encargado.

7. Ningún abogado debe aceptar más causas de las que el tiempo disponible le permite.

8. El abogado debe amar la Justicia y la honradez.

9. La demora y la negligencia de un abogado causan perjuicio al cliente y cuando eso acontece, debe indemnizarlo.

10. Para hacer una buena defensa, el abogado debe ser verídico, sincero y lógico.

Secretaria

1. La secretaria debe realizar su trabajo y cumplir sus funciones con corrección a través de una labor metódica y sistemática.

2. El correcto desempeño de sus cometidos requiere conocimientos básicos, una sólida cultura y unos conocimientos complementarios a la labor que realiza.

3. La actividad personal y cotidiana debe basarse en la discreción y la eficacia, que se acompañarán de otras cualidades básicas como la lealtad y la sencillez.

4. El conocimiento de idiomas se ha convertido en un requerimiento importante para la secretaria debido a las intensas relaciones existentes entre los diferentes países en virtud de la globalización.

5. El vestido personal será discreto, intentando realzar sus cualidades físicas con elegancia y buen gusto.

6. La secretaria siempre dcbc adaptar su propia imagen a lo que dictamine la entidad para la que trabaja.

7. El sentido de la responsabilidad para cumplimentar todas las tareas que se presentan en la oficina, así como su óptima resolución en cada caso, debe ser el principal objetivo de la secretaria.

8. Las relaciones con el jefe estarán basadas en la lealtad y el respeto mutuos.

9. La secretaria ha de saber anticiparse a los posibles problemas y si en su mano está, solucionarlos.

10. Si las circunstancias así lo requieren, debe estar dispuesta a trabajar fuera de los horarios establecidos y a acompañar al jefe en reuniones o viajes.

De la Enciclopedia de la Secretaria.

Seguir sonriendo

1. Aférrate a tus sueños y no los dejes jamás.

2. Muéstrale al mundo lo maravilloso que eres.

3. Confía en las posibilidades de la vida, y no te apresures a juzgar a los demás.

4. Encara tus problemas uno a uno para vencerlos.

5. Confía en toda tu fuerza interior.

6. Muéstrale al mundo la luz secreta de tu alma.

7. No huyas de aquellos que traen amor a tu vida.

8. Mira lo bueno de la vida y no sucumbas en las adversidades.

9. Muéstrate tal como eres, pues tienes cualidades especiales que te han sostenido hasta ahora, y que siempre te sostendrán.

10. Llena tu corazón de felicidad y espárcela en todo lo que hagas, y recuerda seguir sonriendo.

DECÁLOGO DE *Seguridad escolar*

1. Hay que llegar al transporte escolar con tiempo suficiente.

2. No se debe correr en las inmediaciones del transporte ni al entrar ni al salir.

3. Hay que apartarse hacia atrás mientras el vehículo se ubica y estaciona.

4. No se debe empujar a los demás compañeros.

5. Se debe permanecer sentado durante todo el trayecto.

6. No hay que gritar ni alborotar dentro del autobús.

7. Hay que obedecer siempre al conductor y al responsable del transporte.

8. Nunca se debe cruzar la calle por detrás del vehículo.

9. No hay que asomarse a las ventanas ni sacar nada de ellas.

10. No se debe arrojar nada por las ventanillas del vehículo.

Hermanos de las Escuelas Cristianas. Adaptación.

Sentido de la vida

1. Aférrate a la fe, porque es la fuente de la creencia de que todo es posible. Es la fibra y es la fortaleza de un alma confiada.

2. Aférrate a la esperanza, porque destierra la duda y da lugar a actitudes positivas y alegres.

3. Aférrate a la confianza, porque se encuentra en el corazón de las relaciones fructíferas que son seguras y satisfactorias.

4. Aférrate al amor, porque es el don más preciado de la vida, porque es generoso, se preocupa y da significado a la vida.

5. Aférrate a la familia y a los amigos, porque son las personas más importantes en tu vida y hacen del mundo un lugar mejor. Ellos son la vida que ha crecido con el tiempo para ayudarte a seguir tu camino.

6. Aférrate a todo lo que eres y a todo lo que has aprendido, porque esto es lo que te convierte en un ser singular.

7. No menosprecies lo que sientes y lo que crees que es bueno e importante, tu corazón te habla con más fuerza que tu mente.

8. Aférrate a tus sueños, alcánzalos de manera diligente y honrada. No tomes nunca el camino fácil ni te rindas ante el engaño.

9. Recuerda a otros en tu camino y dedica tiempo para atender sus necesidades.

10. Disfruta de la belleza que te rodea. Ten valor para ver las cosas de manera diferente y más clara. Haz del mundo un lugar mejor cada día y no te olvides de las cosas importantes que dan sentido a tu vida.

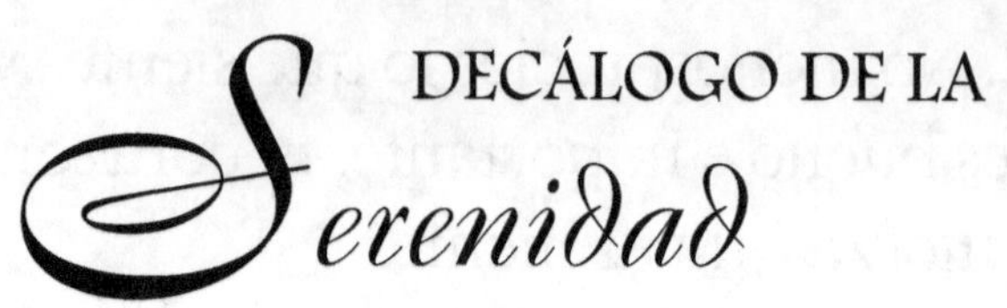

DECÁLOGO DE LA **Serenidad**

*Puedo hacer bien durante doce horas,
o que me descorazonaría si pensase
tener que hacerlo durante toda mi vida.*

1. Sólo por hoy trataré de vivir exclusivamente el día, sin querer resolver el problema de mi vida todo de una vez.

2. Sólo por hoy tendré el máximo cuidado de mi aspecto; cortés en mis maneras, no criticaré a nadie y no pretenderé mejorar o disciplinar a nadie, sino a mí mismo.

3. Sólo por hoy seré feliz en la certeza de que he sido creado para la felicidad, no sólo en el otro mundo, sino en este también.

4. Sólo por hoy me adaptaré a las circunstancias, sin pretender que las circunstancias se adapten todas a mis deseos.

5. Sólo por hoy dedicaré diez minutos de mi tiempo a una buena lectura, recordando que, como el alimento es necesario para la vida del cuerpo, así la buena lectura es necesaria para la vida del alma.

6. Sólo por hoy haré una buena acción y no lo diré a nadie.

7. Sólo por hoy haré por lo menos una cosa que no deseo hacer, y si me sintiera ofendido en mis sentimientos, procurare que nadie se entere.

8. Sólo por hoy me haré un programa detallado. Quizá no lo cumpliré cabalmente, pero lo redactaré. Y me guardaré de dos calamidades: la prisa y la indecisión.

9. Sólo por hoy creeré firmemente, aunque las circunstancias demuestren lo contrario, que la buena Providencia de Dios se ocupa de mí como si nadie existiera en el mundo.

10. Sólo por hoy no tendré temores. De manera particular no tendré miedo de gozar de lo que es bello y de creer en la bondad.

Juan XXIII.

Solidaridad

1. Reconcíliese con quien está enemistado.

2. Salude o visite a quienes tiene en el olvido.

3. Sea justo y agradezca a quienes colaboran con usted.

4. Escriba o llame a un amigo o pariente que se encuentre lejos.

5. Escuche a quien le quiera hablar.

6. Comparta algo que aprecie con quien lo necesita.

7. Visite a un enfermo o recluido.

8. No ensucie su ciudad y proteja la naturaleza.

9. Sea paciente y prudente al conducir.

10. Evite hacer cosas que a los otros les molesten.

Sonrisa

1. ¿Qué cuesta una sonrisa? Nada.

2. ¿Cuánto puede producir? Mucho.

3. ¿Cuánto tiempo dura? Un instante.

4. ¿Y su recuerdo? A veces toda la vida.

5. ¿Quién es tan pobre que no la pueda dar? Nadie.

6. ¿Quién es tan rico que no la necesite? Nadie.

7. ¿Se empobrece el que la da? No, se enriquece.

8. ¿Quién está más necesitado de una sonrisa? El que no la puede dar.

9. ¿Cuál es el valor de la sonrisa? Sustituye cualquier palabra.

10. ¿Cuál debe ser nuestra consigna? ¡Sonreír siempre!

Sueños

1. No importa lo que es el mundo... Lo importante son tus sueños.

2. No importa lo que tú eres... Lo importante es lo que tú quieres ser.

3. No importa dónde estás... Importa a dónde tú quieres ir.

4. No importan las dificultades... Lo que importa es lo que quieres lograr.

5. No importa tu aflicción... Importan tus ganas de ser feliz.

6. No importa lo que ya pasó... Guarda tus bellos recuerdos.

7. Cree en aquello que tú quieres creer, aunque te digan que aquello es imposible.

8. No tiene sentido soñar si no luchas por lo que sueñas.

9. Sólo creyendo en el futuro conseguirás la paz para alcanzar tus sueños.

10. ¡Cree en ti...! Cree en Dios, yo creo en ti.

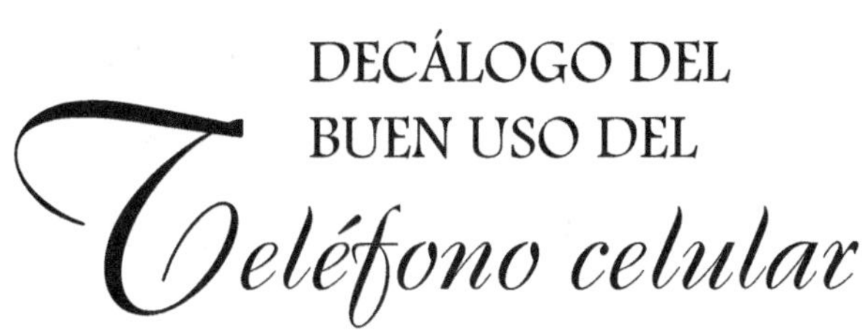

DECÁLOGO DEL BUEN USO DEL Teléfono celular

1. Desconectar siempre el móvil en actos públicos. Es una norma de elemental cortesía. Sean cines, conciertos, conferencias, salones de clases y templos.

2. Apagarlo también en las entrevistas y reuniones, a menos que se espere una llamada considerada importante. Siempre tienen prioridad las personas que se encuentran en un lugar, que las que irrumpen a través del celular.

3. Preguntar si podemos ser atendidos en ese momento. Cuando llamamos a un teléfono celular no conocemos la situación de nuestro interlocutor, tal vez está atendiendo a otras personas.

4. Identificarse y verificar con quién se habla. Cada vez es más frecuente que nos responda una persona que no es el usuario habitual del teléfono. No hay que presuponer que estamos hablando con la persona con quien deseamos hacerlo.

5. Distinguir entre los temas de conversación presenciales y los telefónicos. Hay temáticas que no pueden ser tratadas por teléfono sino que requieren una conversación presencial.

6. Usarlo con mesura con personas que tratamos cotidianamente.

7. Perder el miedo a poner y usar el contestador automático. Esto impedirá que se multipliquen innecesariamente las llamadas.

8. Advertir si uno va al volante. Cuando el conductor responde al volante, debe advertirnos de ello. En este caso, debemos ser discretos, breves y concisos.

9. Usar brevedad y prudencia por ambas partes; no plantear a nuestro interlocutor preguntas que lo obliguen a una reflexión pormenorizada.

10. Renunciar a usarlo como instrumento de control. Antes de llegar a este penoso límite, hay que educar para vivir en un clima de libertad responsable.

Del Observatorio Digital. Adaptación.

Televidente

1. Conocer la televisión por dentro. La televisión supone una compleja y sofisticada organización empresarial con conflictos de intereses, sobre todo, políticos y económicos. Si la conociéramos mejor, evitaríamos tanto el rechazo hipócrita como la incrédula idolatría.

2. No dar a la televisión más importancia de la que tiene. La televisión debe ser valorada como la ventana del dormitorio. La experiencia debería indicarnos cuándo debe permanecer abierta, cerrada o, simplemente, entreabierta.

3. Procurar no ver la televisión solos. Es conveniente discutir o comentar el contenido de los programas. En el caso de verla solos, especialmente para combatir la soledad o la ansiedad, es más probable caer en la "teleadicción".

4. No pedir a la televisión lo que no puede dar. La televisión no está para suplir las deficiencias de nada ni de nadie. Ni es la panacea para satisfacer todos los intereses y deseos incontables de la gente. Pero tampoco debemos caer en una especie de resignación dejando que nos lleve seductoramente a cualquier parte.

5. Seleccionar inteligentemente los programas. La televisión hay que verla con libertad, pero sin dejarse dominar por ella.

6. Todo programa televisado, por inocuo que pueda parecer, tiene alguna importancia. La neutralidad ética no existe. El televidente responsable sabe reflexionar y no se limita a contemplar imágenes.

7. Cambiar de canal como respuesta eficaz a la mala programación. La mejor manera de castigar a un canal consiste en no ver sus programas.

8. Evitar los programas de violencia. No es verdad que la violencia fingida sea inocua, y sólo peligrosa o perjudicial la violencia real. En la práctica hay muy poca diferencia entre ambos tipos de violencia. Las imágenes, por sí mismas, producen efectos específicos independientemente de que su contenido sea real o fingido.

9. Comentar lo que se ve con otras personas, tratando de sacar conclusiones racionales. Este consejo es especialmente útil en el caso de los niños por ser los más indefensos frente a la pantalla del televisor.

10. No todos los programas son iguales. Lo específico de la televisión debería ser el "directo fotografiado", pero suele prevalecer el montaje y la manipulación de laboratorio. Convendrá distinguir y saber escoger.

Niceto Blázquez.

1. No dar a la televisión un puesto de primer plano en la educación de los hijos.

2. Acostumbrar a los niños y a los mayores a prescindir de la televisión en función de otros intereses mayores.

3. Educar en una recta jerarquía de valores, donde la televisión aparezca como un medio más entre otros medios. Informarse bien sobre los programas.

4. Buscar juicios y orientaciones sobre la programación, eligiendo lo que se crea más conveniente.

5. Elegir con conciencia y sentido de la responsabilidad. Tener en cuenta a la hora de elegir aquello que puede dañar a los niños o a nosotros.

6. Seguir los programas positivos que ayudan a crecer en familia. Así se enseña a elegir a los niños.

7. Educar y educarse para tener un sentido crítico.

8. Enseñar a valorar lo que es bueno, mediocre o negativo.

9. Ser promotores de lo que consideramos formativo. Hacer publicidad ante los hijos, amigos y conocidos de aquello que consideramos útil y de buena calidad.

10. Ser responsable de la educación televisiva. Los padres de familia deben ser los que guíen a sus hijos en este saber ponerse ante el televisor.

Miguel Carmena. Síntesis.

DECÁLOGO DE
Thomas Jefferson

1. No dejes para mañana lo que puedas hacer hoy.

2. No gastes dinero antes de haberlo ganado.

3. No compres nada inútil con el pretexto de que es barato.

4. No sientas nunca haber comido poco. Más vale levantarse de la mesa con apetito que harto de comer.

5. El trabajo hecho a gusto, no cansa jamás.

6. No pidas ayuda para lo que puedas hacer solo.

7. La vanidad y el orgullo salen siempre más caros que el hambre y la sed.

8. Las cosas hay que empezarlas siempre por el principio.

9. Evita las preocupaciones y penas que sólo están en tu imaginación y que no han acontecido todavía.

10. Cuenta hasta diez antes de hablar cuando estás enojado y disgustado, y hasta cien antes de hablar cuando estés encolerizado.

DECÁLOGO DE COMPORTAMIENTO EN EL *Transporte escolar*

1. Al subir o bajar del colectivo hay que dar preferencia a los más pequeños y a los más necesitados o seguir el orden establecido por el responsable.

2. Dentro del los vehículos, los mayores deben distraer y proteger a los más pequeños para que su viaje sea más ameno y seguro.

3. No se deben hacer gestos obscenos o burlas a los compañeros durante el viaje.

4. No se debe hacer nada que pueda distraer al conductor y provocar algún accidente.

5. No se debe jugar con los elementos al servicio de la seguridad del colectivo: martillo rompecristales, señales, apertura de puertas...

6. Se debe respetar en todo momento la persona y la función del responsable que acompaña.

7. Se debe permanecer sentado en el sitio indicado durante todo el trayecto.

8. No se deben estropear deliberadamente los asientos y demás equipamientos del transporte.

9. Está prohibido comer o beber dentro del vehículo, a menos que se tenga permiso expreso del responsable.

10. En ningún caso se puede escupir dentro del vehículo y hay que procurar entrar con el calzado lo más limpio posible.

Hermanos de las Escuelas Cristianas. Adaptación.

DECÁLOGO PARA
Triunfar en la vida

1. Si un día cualquiera decides triunfar; no esperes las oportunidades, búscalas tú mismo.

2. Comienza a ver cada problema como la posibilidad de encontrar una solución.

3. Ve cada desierto como la oportunidad de encontrar un oasis.

4. Mira cada noche, en su oscuridad, como un misterio a resolver.

5. Descubre cada día como una nueva oportunidad de ser feliz.

6. Deja de creer que tus propias debilidades son tus rivales, piensa que en ellas está la única y mejor forma de superarnos.

7. Deja el temor a perder y empieza a temer no ganar, descubriendo que no eres el mejor; lo que importa simplemente es saberte hoy mejor que ayer.

8. Dejar de ser un reflejo de tus escasos triunfos pasados, y empieza a ser tu propia, aunque tenue tal vez, luz de este presente, y descubre que de nada sirve ser luz si no es para iluminar el camino de los demás.

9. Duerme para descansar pero, sobre todo, duerme para soñar... que los sueños son solamente para hacerse realidad.

10. Recuerda que el único triunfo en la vida, aquel que vence a la muerte es el amor. Ama hasta que duela y no habrás vivido en vano.

DECÁLOGO PARA LA
Utilización del tiempo

1. Busca tiempo para leer. Es una manera de perfeccionarte con el saber de los demás.

2. Busca tiempo para rezar. Es el modo de entrar en contacto con Dios y expresarle tu amor.

3. Busca tiempo para meditar. Es un ejercicio necesario para llegar a la profundidad de corazón.

4. Busca tiempo para dialogar. Es la acción más noble del ser humano a través de la cual uno escucha y habla, recibe y da; así crece y se consolida la amistad.

5. Busca tiempo para observar a los demás. Es una actitud que te enseñará mucho y te ayudará a imitar lo positivo de los otros y a evitar sus defectos.

6. Busca tiempo para contemplar la naturaleza. Es el arte de Dios, donde Él se ha manifestado en toda su belleza.

7. Busca tiempo para trabajar, hacer algo diligentemente. Es el precio que has de pagar por realizarte a ti mismo, ser útil a los demás y construir una sociedad más justa y humana.

8. Busca tiempo para viajar. Es una actividad que enriquece en gran manera, porque entras en contacto con las gentes y culturas diversas que te pueden complementar.

9. Busca tiempo para evaluarte a ti mismo. Es un momento propicio para hacer balance, de decidir con energía lo bueno que debes potenciar y lo malo que debes corregir.

10. Busca tiempo para amar. Es la esencia de la vida, que brinda al ser humano sentido y felicidad.

Joan Bestard, presidente del cabildo catedralicio de
Palma de Mayorca.

Vacaciones cristianamente

1. Vive la naturaleza. En la playa, en la monta~
ña, en la serranía; descubre la presencia de Dios.
Alábalo por haberla hecho tan hermosa.

2. Vive tu nombre y condición de cristiano. No
te avergüences en verano de ser cristiano. Falsea~
rías tu identidad.

3. Vive el domingo. En vacaciones, el domingo
sigue siendo el día del Señor y Dios no se va de
vacaciones. Acude a la eucaristía dominical. Tienes
además, más tiempo libre.

4. Vive la familia. Dialoga, juega, goza con ellos
sin prisa. Reza en familia. Asiste al templo también
con ellos.

5. Vive la vida. La vida es el gran don de Dios.
No hagas peligrar tu propia vida y evita riesgos a la
vida de los demás.

6. Vive la amistad. Desde la escucha, la con~
fianza, la ayuda, el diálogo, el enriquecimiento y
el respeto a la dignidad sagrada de las demás per~
sonas.

7. Vive la justicia. No esperes que todo te lo den hecho. Otros trabajan para que tú tengas vacaciones. Ellos también tienen sus derechos. Respétalos y respeta sus bienes.

8. Vive la verdad. Evita la hipocresía, la mentira, la crítica, la presunción engañosa e interesada o la ociosa vanagloria.

9. Vive la limpieza de corazón. Supera la codicia, el egoísmo, el hedonismo. Vacación no equivale a permisividad.

10. Vive la solidaridad. No lo quieras todo para ti. Piensa en quienes no tienen vacaciones, porque ni siquiera tienen el pan de cada día. La caridad tampoco toma vacaciones.

De Javier Salinas Viñals, Obispo de Tortosa.

Valores en la familia

1. Amor: los hijos cuando sienten que los aman pueden desarrollar y madurar disposiciones naturales.

2. Sabiduría: para educar a los hijos en la libertad y en la responsabilidad.

3. Paciencia: para poder comprender el sentido de sus actos.

4. Confianza: para conformar una personalidad integrada y armónica.

5. Fe: para alentarlos en las dificultades y logros.

6. Valor: para aceptar lo que ellos elijan.

7. Diálogo: para compartir alegrías y tristezas.

8. Ejemplo: porque los padres son modelos que los hijos imitan.

9. Perseverancia: para cumplir día a día con la misión de ser padres.

10. Esperanza: para mirar el futuro como una oportunidad a conquistar.

1. Regalar una sonrisa cada día. Con ella te sentirás feliz tú y quien la reciba.

2. Soñar y volar. Aunque nuestros pies toquen la Tierra.

3. Llorar cuando una nostalgia o tristeza te lo pida. Una lágrima no es debilidad, ayuda a recuperar una sonrisa.

4. Perdonar tus propios tropiezos y los de los demás. Lo importante es darte y dar la posibilidad de pararse y volver a caminar.

5. Intentar todo lo que sientas latir en tu corazón y en tu alma. Confiando que te hará feliz.

6. Valorar los pequeños como los grandes regalos que te dé la vida. Juntos llenarán tu corazón de felicidad.

7. Guardar cada enseñanza recibida, cada afecto compartido como tesoros que por siempre te harán sentir vivo.

8. Descartar aquello que pueda hacerte daño o sepas que no tiene sentido.

9. Rescatar todo lo que te permita crecer y ser feliz en familia y con amigos.

10. Compartir con todos los que te rodean lo mejor de ti, y sentir que vale la pena creer, soñar y vivir por un mundo mejor.

Enrique de Zárraga.

Vida religiosa joven

1. Que Jesús sea el centro de tu vida desde una relación intima con Él en la oración.

2. Que el discernimiento personal y comunitario sea instrumento para encontrar la voluntad de Dios.

3. Conoce y asume tu historia personal para vivir en plenitud y libertad tu opción de vida.

4. Haz de la obediencia un signo profético en el mundo de hoy, poniendo la voluntad de Dios y la confrontación fraterna sobre los intereses personales.

5. Acoge la soledad como un espacio de encuentro contigo mismo y con Dios.

6. Vive tu pobreza en todo cuanto tienes y cuanto eres.

7. Asume la renovación de tu comunidad como una tarea, sin olvidar las fuentes.

8. Mantén siempre un espíritu crítico y abierto ante la realidad, para darle respuesta desde el Evangelio.

9. Crea dentro de tu comunidad un ambiente fraterno que favorezca la amistad y el apoyo mutuo.

10. Vive la castidad como una opción de amor que nos lleva a ser fecundos en la misión.

Autor desconocido.

1. Te quiero no por quien eres, sino por quien soy cuando estoy contigo.

2. Ninguna persona merece tus lágrimas, y quien se las merezca no te hará llorar.

3. Sólo porque alguien no te ame como tú quieres, no significa que no te ame con todo su ser.

4. Un verdadero amigo es quien te toma de la mano y te toca el corazón.

5. La peor forma de extrañar a alguien es estar sentado a su lado y saber que nunca lo podrás tener.

6. Nunca dejes de sonreír, ni siquiera cuando estés triste, porque nunca sabes quién se puede enamorar de tu sonrisa.

7. Puedes ser solamente una persona para el mundo, pero para alguna persona tú eres el mundo.

8. No pases el tiempo con alguien que no esté dispuesto a pasarlo contigo.

9. Quizá Dios quiera que conozcas mucha gente equivocada antes de que conozcas a la persona adecuada, para que cuando al fin la conozcas, sepas estar agradecido.

10. No llores porque ya se terminó, sonríe porque sucedió. Todo lo que sucede, sucede por una razón.

De Gabriel García Márquez. Adaptación.

Índice

"Dios me ha dado la gracia de ser ministro de Jesucristo entre los paganos, realizar el oficio sagrado de anunciar la Buena Noticia de Dios". *Rom* 15, 15-.16

HIJAS DE SAN PABLO

Las Hijas de San Pablo, conocidas como Paulinas constituyen una congregación de religiosas consagradas por Dios al servicio de la Iglesia, para evangelizar a las personas a través de los medios de comunicación social. Fundadas en Alba (Italia) en 1915 por el beato Santiago Alberione, las Paulinas recorren el mundo anunciando el mensaje del evangelio a través de libros, revistas, programas radiales, CD, DVD, televisión e internet, para llegar a todos con la palabra de Dios, recordando las palabras de Jesús a sus discípulos: *"Vayan por todo el mundo y anuncien la buena noticia".*

Las Hermanas Paulinas siguen los pasos de Tecla Merlo, la primera Hija de San Pablo, que a los veinte años dijo "sí" al llamado de Dios y a la invitación del beato Santiago Alberione. Como Tecla, otras jóvenes siguieron el llamado para correr la aventura de ser apóstoles misioneras del evangelio. Las Hermanas Paulinas están en cincuenta y un naciones de los cinco continentes. En cada país tienen sus puertas abiertas para las jóvenes que quieran, hacer un discernimiento vocacional y consagrarse como misioneras al anuncio del evangelio.

Comunicate con nosotras:
vocacional@paulinas.org.ar

EDITORIAL / DISTRIBUIDORA / LIBRERÍA

1030 BUENOS AIRES. Larrea 44/50 (Estacionamiento para clientes)
Telefax (011) 4952-4333 y líneas rotativas. Fax directo de 18 a 9 hs.
Línea de fax gratuita para clientes: 0-800-333-7717,
editorial@paulinas.org.ar - ventas@paulinas.org.ar
Face: Paulinas Editorial Argentina / Twitter: @PaulinasAR /
Instagram: @paulinasarg

LIBRERÍAS

1419 BUENOS AIRES: Nazca 4249, Tel. (011) 4572-3926,
Fax (011) 4571-6226, nazca@paulinas.org.ar
(Estacionamiento propio para clientes)
5500 MENDOZA: San Martín 980, Telefax (0261) 429-1307,
mendoza@paulinas.org.ar / Facebook: Paulinas Mendoza
3500 RESISTENCIA (Chaco): Arturo Illia 178, Tel. (0362) 442-7188,
Fax (0362) 444-2110, resistencia@paulinas.org.ar
Facebook: Paulinas Resistencia
2000 ROSARIO (Santa Fe): Rioja 832, Telefax (0341) 448-1832,
rosario@paulinas.org.ar / Instagram: @paulinas_rosario
4000 SAN MIGUEL DE TUCUMÁN: Maipú 412, Telefax (0381)
421-7837, tucuman@paulinas.org.ar
3000 SANTA FE: San Jerónimo 2134, Telefax (0342) 453-3521
santafe@paulinas.org.ar / Facebook: Paulinas Santa Fe

ASUNCIÓN (Paraguay): Azara 279 (casi Iturbe),
Tel. (00595) 21440651, Fax (00595) 21440652 paulinas@pla.net.py
Villa Morra: Charles de Gaulle y Dr. Hassler. Tel. (00595)
213287142
Facebook: Paulinas Paraguay / Twitter: @libreriapaulipy

REVISTA DIGITAL FAMILIA CRISTIANA

www.familiacristiana.org.ar

PASTORAL VOCACIONAL "HIJAS DE SAN PABLO":

vocacional@paulinas.org.ar

www.ingramcontent.com/pod-product-compliance
Lightning Source LLC
Chambersburg PA
CBHW071742150726

47998CB00005B/1762